Thomas Gnielka
Die Geschichte einer Klasse

EVROPA

Thomas Gnielka wurde 1928 in Berlin geboren. Im Sommer 1944 war er Schüler des Kant-Gymnasiums in Berlin-Spandau, als seine Klasse als Luftwaffenhelfer dienstverpflichtet wurde. Nach ersten Wehrübungen wurden sie zur Beaufsichtigung der für die IG Farben arbeitenden Lagerinsassen nach Auschwitz geschickt. Nach dem Krieg verarbeitete er seine Erlebnisse unter dem Titel „Die Geschichte einer Klasse" zu einem Roman, der allerdings fragmentarisch blieb. Später arbeitete er als politischer Journalist – davon viele Jahre bei der Frankfurter Rundschau. Er starb 36-jährig an Krebs.

Werner Renz, Studium der Germanistik und Philosophie an der Frankfurter Goethe-Universität, ist für die Bibliothek und das Archiv des Fritz Bauer Instituts in Frankfurt am Main zuständig. Seine Arbeitsschwerpunkte sind Geschichte der Frankfurter Auschwitz-Prozesse, Geschichte des Konzentrationslagers Auschwitz-Birkenau. Zahlreiche Veröffentlichungen dazu.

Kerstin Gnielka ist eine Tochter von Thomas Gnielka. Studium der Germanistik und Amerikanistik an der Freien Universität Berlin. Ausbildung als Schauspielerin und Theaterpädagogin. Sie arbeitet in der Sektion Literatur der Akademie der Künste in Berlin.

Als Kindersoldat in Auschwitz
Die Geschichte einer Klasse
Romanfragment von Thomas Gnielka
Mit einer Dokumentation

Herausgegeben von Kerstin Gnielka und Werner Renz

CEP Europäische Verlagsanstalt

Gnielka, Thomas:
Als Kindersoldat in Auschwitz. Die Geschichte einer Klasse

Bibliografische Information der Deutschen Nationalbibliothek
Die Deutsche Nationalbibliothek verzeichnet diese Publikation in der
Deutschen Nationalbibliografie; detaillierte bibliografische Daten sind
im Internet über http://dnb.d-nb.de abrufbar.

© CEP Europäische Verlagsanstalt, Hamburg 2014
Satz: Susanne Schmidt, Leipzig
Coverabbildung: dpa – Bildarchiv (Caption: Junge Luftwaffenhelfer
werden während des II. Weltkrieges in der Schießtechnik mit Flugab-
wehrkanonen (Flak) unterrichtet.)
Signet: Dorothee Wallner nach Caspar Neher „Europa", 1945

Printed in Germany
ISBN 978-3-86393-058-5

Informationen zu unserem Verlagsprogramm finden Sie im Internet unter
www.europaeische-verlagsanstalt.de

Inhalt

„Ob das Leben ein Roman ist von fünfhundert Seiten oder eine Novelle von nur sieben macht seinen Wert nicht aus. In diesem Sinne war Thomas' Leben auch erfüllt ..." schrieb meine Mutter Ingeborg Euler-Gnielka im Antwortbrief auf die vielen Beileidsbekundungen, die nach dem frühen Tod meines Vaters im Januar 1965 bei der Familie eintrafen.

Für meine vier Geschwister und mich ist es bewegend, dass nun, fast 50 Jahre nach dem Tod unseres Vaters, „Die Geschichte einer Klasse" veröffentlicht wird – der Roman, den unser Vater unbedingt schreiben wollte und der fragmentarisch bleiben musste, weil die Arbeit als investigativer Journalist ihm zur Fertigstellung keine Zeit mehr ließ.

Unser großer Dank gilt Irmela Rütters (Europäische Verlagsanstalt), Werner Renz (für das Fritz Bauer Institut), Norbert Frei, Claudia Michels (Frankfurter Rundschau), Elisabeth Bartel und Giulio Ricciarelli (Drehbuchautoren des Kinofilms „Im Labyrinth des Schweigens"), die die Arbeit unseres Vaters neu entdeckt und gewürdigt haben.

Kerstin Gnielka, im Namen der fünf Kinder von Thomas Gnielka

Widmung

Für Thomas Gnielka und Ingeborg Euler-Gnielka
Für Fritz Bauer und alle Aufklärer von NS-Verbrechen
Für alle Opfer der NS-Verbrechen

Berlin, 10. Januar 1944

„Ihr sollt nicht stramm stehen. Ihr sollt nicht dienen! Ihr sollt frei sein! Zeigt es ihnen!"

Unser alter Studienrat steht, das Buch in der Hand, am Fenster. Er schluckt. Wie immer, wenn er liest, hat er die Brille weit auf die Stirn geschoben. Sie verschwindet fast in seinen dichten Haaren.

„Guck mal", sagt der kleine Mähliss neben mir, „das liest er auswendig."

„Und wenn sie euch kommen und drohen mit Pistolen –
Geht nicht! Sie sollen euch erst einmal holen!
Keine Wehrpflicht!
Keine Soldaten!
Keine Monokelpotentaten!
Keine Orden! Keine Spaliere!
Keine Reserveoffiziere!
Ihr seid die Zukunft!"

Ich sehe zu ihm hin und merke, dass er weint. Das Buch ist ganz nass. Die Sonne, die durch das Fenster hereinscheint, spiegelt sich in der Nässe auf den Seiten. Ich habe einen Kloß im Hals. Das ist so peinlich. Ich kann jetzt auf keinen Fall zu Muther hingucken, der hat immer so ein Backpfeifengesicht. Ich muss aber doch hinsehen und merke, dass er totenblass ist. Scheuermann vor mir sucht fieberhaft etwas in seiner Jackentasche und findet es nicht. Was sucht er denn bloß, denke ich.

„Schüttelt es ab, das Knechtschaftsband!
Wenn ihr nur wollt, seid ihr alle frei!
Euer Wille geschehe! Seid nicht mehr dabei!
Wenn ihr nur wollt: bei euch steht der Sieg!
Nie wieder Krieg!"

Er schreit die letzten Worte laut. Sie hallen noch eine Weile nach. Er soll nicht so schreien, denke ich. Draußen fährt eine Straßebahn vorbei. Man kann die Stange am Fahrdraht vorüber rutschen sehen. Ich fahre auf, weil ich eine Tür klappen höre. Der Platz am Fenster ist leer. Der lange Spengler steht auf, geht langsam zum Katheder und nimmt einen kleinen Stapel zusammengefalteter Papierbogen in die Hand.

Er hat das Gedicht abgetippt, sagt er, „Zwanzig Stück, für jeden eins."

Ich gebe meiner Mutter die Hand, nehme meine Aktentasche und gehe durch den Garten auf die Straße. Mutter kocht gerade Rotkohl. Das riecht man bis hierher. Ich will noch meinen Freund Wolfgang abholen und klingele deshalb an der Nummer acht unserer Straße. Drinnen höre ich die weinerliche Stimme von Frau Scheuermann, die ununterbrochen redet. Wolfgang macht die Tür auf.

Seine beiden Schwestern packen allen möglichen Kram, den ihre Mutter ihnen gibt, in einen großen Koffer. Er steht dabei und ist wütend. Das merke ich daran, dass er sich hin und wieder ans Ohrläppchen greift. Seine Mutter dreht ihn an der Schulter geschäftig um sich selbst, wie eine Schneiderpuppe und sieht nach, ob alle Knöpfe fest sind. Ich bedaure ihn und will ihm zur Hilfe kommen.

„Was soll das alles", sage ich laut, „morgen können Sie den Kram sowieso wieder abholen, da braucht er von Ihnen nichts mehr."

Frau Scheuermann sieht mich verständnislos an – wie blöde, denke ich – und fängt dann an zu weinen. Das sieht unanständig aus. Ihr dicker Busen wackelt im Takt des Schluchzens immer rauf und runter.

„Ach Gott, ach Gott, ach Gott", „sagt sie ununterbrochen. Ich drehe mich um und sehe aus dem Fenster.

„Mach schnell", sage ich, „Wir müssen um zehn Uhr dort sein."

Im Spiegelbild der Scheibe kann ich sehen, wie Frau Scheuermann ein Gesangbuch in den halbgepackten Koffer steckt.

„Komm", sage ich und nehme Wolfgang am Arm. Die Tür schlägt hinter uns zu.

Auf dem Birkenweg kommt uns Frau Schulz entgegen. Sie hat es auch schon gehört. Es hat sich scheinbar schnell rumgesprochen. In der einen Hand hat sie eine speckige, lederne Einkaufstasche und in der anderen trägt sie die Marken.

„Ich freue mich so für Sie", quäkt sie. Eine Stimme, wie ne Gießkanne, sagt Wolfgang sonst immer. Ihre leicht schielenden Basedowaugen sind von unangenehmer Rührung. Vorn im Mantelausschnitt sieht man das schmutzige Weiß ihres Unterrocks.

Ihr Sohn ist vor drei Wochen auf dem Zoobunker gefallen. Volltreffer.

In der Traueranzeige in der Spandauer Zeitung stand: In stolzer Trauer! Frauenschaftsleiterin des Bezirkes Spandau-Hakenfelde.

Der Mann ist Postbeamter und sammelt bei uns die Pfundspende ein. Er entschuldigt sich immer, wenn er bei uns klingelt.

In der Straßenbahn treffen wir Knauft. Er sitzt am Fenster, hat seine Schultasche auf den Knien und kaut nachdenklich an einem Brot.

„Schön wärs ja", sage ich leise. Wolfgang holt die Brieftasche aus dem Jackett, um zu bezahlen.

Ein kleines Heft fällt dabei auf den Boden.

„Sieh mal, hier hab ich noch ne Cäsarklatsche", sagt er zu Knauft.

Wir stehen im Zimmer unseres Direktors um den großen Schreibtisch. Oberstudiendirektor Krüger sitzt in seinem Sessel. Er spielt mit seinen Händen. Jeden einzelnen Fingernagel sieht er sich ganz genau an. Das tut er immer, wenn ihm etwas unangenehm ist. Dann blickt er auf.

„Darf ich Ihnen, Herr Leutnant, meine Obertertia vorstellen", sagt er.

Der junge Leutnant verbeugt sich dankend.

Er sieht hübsch aus in seiner Uniform, muss ich denken.

Dr. Krüger ist aufgestanden. Seine lange, hagere Gestalt ist vornübergebeugt. Die Röhrenhosen haben ausgebeulte Knie. Er hat nichts zu essen und raucht Pfefferminztee. Das weiß ich von seiner Tochter, die öfter mit uns spricht. Seine rechte Hand hat er auf den Kopf einer griechischen Jünglingsstatue gelegt, die auf dem Tisch steht. Die Figur hat ein Schwert in der Hand, auf das sie sich stützt.

„Das", sagt er leise, „ist die Seite, die ich bei den Lehrmeistern unserer humanistischen Erziehung nicht verstehen kann."

Er sieht wieder auf seine Hände. Sie sind ganz schmal und weiß.

Muther, der hinten steht, macht ihn nach. Er sieht grinsend auf seine Hände und macht sich an seinen schmutzigen Nägeln zu schaffen. Spengler stößt ihm seinen Ellenbogen in die Seite, dass er schmerzverzerrt aufhört.

„Ich habe hier eine kleine Sammlung von Reden unseres Freundes Sokrates. Es ist eine Feldpostausgabe. Man kann sie leicht in die Tasche stecken."

Er tritt vor jeden Einzelnen und gibt ihm das Buch. Vor dem kleinen Mähliss bleibt er etwas länger stehen. Dann geht er zu seinem Schreibtisch und macht sich an den dort liegenden Papieren zu schaffen.

Wir warten noch eine Weile, dann gehen wir hinter dem Leutnant durch die Tür. Ich mache sie leise zu. Am Schreibtisch sehe ich noch einmal die lange, dünne Gestalt.

Sie dreht sich nicht um.

Wolfgang blättert auf der Treppe in seinem Buch. Ich sehe plötzlich, wie er stutzt und es dann hastig in die Manteltasche steckt.

Im Omnibus schlage ich das Bändchen auf. Auf der ersten Seite stehen einige Zeilen in der sorgfältigen, kleinen Handschrift unseres Direktors.

„Wenn du mich einmal brauchst", steht dort.

Und dann die Adresse eines Landhauses in Mecklenburg. Er hat es vor zwei Jahren von einer Verwandten geerbt.

Ich reiße die Seite raus und stecke sie in ein Seitenfach meiner Brieftasche.

Ich fahre auf. Die Starkstromglocken schrillen durch die Baracke. Fünfmal hintereinander. Vorspiel. Ich klettere aus meinem Bett und ziehe mich hastig um. Spengler ist schon fertig. Wieder gehen die Glocken.

Alarm!

Wir laufen aus der Baracke zu unseren Deckungsgräben. Drüben, an den Geschützen heulen schon die Elektromotoren. Dunkle Gestalten zerren die schweren Flanken herunter. Ein Rohr nach dem anderen hebt sich auf 45 Grad. Wir stehen in unseren Gräben, frieren und warten.

„Ab morgen können wir noch mehr wetzen", sagt Spengler.

„Ich mach K 1 bei Anton."

Warum sagt er das, denke ich ärgerlich, das wissen wir doch alle. Ich habe auf mich selbst Wut.

„Total versturt", sage ich laut.

Wenn man über irgendetwas nachdenken will, ist doch immer nur das eine im Gehirn. Vierzehn Tage haben wir es jetzt ununterbrochen zu hören bekommen:

K 1 bedient die Höhenrichtmaschine. Umschalthebel von „Hand" auf „Motor". Kurzschlussschieber langsam auf „ein". Deckt laufend Kommandozeiger mit Folgezeiger ab. K 2 bedient die Seitenrichtmaschine. Umschalthebel von „Hand" auf …

Ich sehe plötzlich, dass die vier Geschützrohre schon seit einiger Zeit in eine andere Richtung zeigen. Viele Scheinwerfer sind jetzt am Himmel.

„Heute wird's ernst", sagt Scheuermann.

Die Feuerglocke. Wir ducken uns unwillkürlich. Man hört das harte Klacken der elektrischen Ladeeinrichtungen. Dann kracht es 4-mal kurz hintereinander.

In der blendenden Helle des Mündungsfeuers sehe ich, dass der kleine Mähliss die Finger in die Ohren gesteckt und den Mund weit aufgerissen hat. Das sieht furchtbar komisch aus. Ich will lachen.

Die nächste Salve.

Dann ist wieder Ruhe. Bei den Geschützen hört man, wie die Kartuschen über den Wall geworfen werden.

Aus der Richtung des Flugplatzes Staaken ist das Geräusch landender Flugzeuge zu hören.

„Die Nachtjäger kommen zurück, wir können gleich pennen gehen", sagt Spengler.

Ich sehe, dass der kleine Mähliss neben mir zittert.

„Kalt?", frage ich.

„Ja, ich hab nur einen Schlafanzug drunter", sagt er.

Der Stahlhelm ist ihm auf ein Ohr gerutscht. Er sieht aus, wie besoffen.

Unteroffizier Ziegenbalg steht auf dem Grabenrand.

„Ihr könnt wieder reingehen. Es ist Schluss." Er sächselt.

Wir gehen zurück in unsere Baracke.

Der kleine Mähliss steht unter der Lampe und zieht sich aus.

Er ist vollständig angezogen unter dem Mantel.

———————

Das Geschütz dreht sich so, wie ich es will. So, wie der kleine Zeiger vor mir in dem Empfänger anzeigt, soll ich es einstellen. So ist die Vorschrift. Spengler sitzt neben mir auf dem zweiten Sitz und richtet die Höhe ein. Er ist ruhig und guckt nur auf seinen Zeiger.

Ob er Angst vor dem Knall hat, muss ich denken. Ich habe Angst. Wir waren bisher noch nicht am Geschütz, wenn geschossen wurde. Es soll sehr laut sein, und man soll den Mund aufmachen, hat der Unteroffizier Wünsche gesagt.

Er steht auf einem Tritt neben dem Verschluss und hat die Kopfhörer um. Keiner kann ihn leiden, und die anderen haben mich bedauert, dass ich zu ihm gekommen bin. Gestern durfte ich nicht ins Kino gehen, weil die Stube nicht sauber war, als er kam.

Flugzeuge scheinen näherzukommen. Mein Zeiger steht jetzt ruhig. Der Spengler stellt das Rohr immer höher. Anflug auf Batterie ist das.

Wenn ich fünf Striche daneben einstelle, dann sind das fast fünf Kilometer neben dem Ziel. Es kann keiner merken. Auch der Unteroffizier nicht. Er kann vom Verschluss aus nicht auf meine Skala gucken.

„Feuerpause", sagt Wünsche.

Ich lasse das Geschütz herumlaufen bis zu der Markierungsmarke. Dorthin muss das Rohr immer zeigen, wenn die Geschütze in Ruhe stehen.

Aus der Stadt hört man Schießen und Bombeneinschläge.

„Das ist der Zoobunker", sagt der Unteroffizier. „Wir erwischen sie, wenn sie zurückkommen."

„Meinst Du, dass es laut knallt?", sage ich zu Spengler.

Er holt ein Stück Brot aus der Tasche und beißt hinein.

„Weiß nicht", sagt er. „Ist ja auch wurscht. Mehr als der Kopp platzen, kann dir ja nicht."

Ich sehe, dass er sich Watte in die Ohren gesteckt hat. Baum hat aber gesagt, das sei Quatsch, das mache es nur schlimmer. Ich sage es Spengler aber nicht. Er macht immer so nen Ruhigen und wird von Wünsche oft gelobt deswegen. Ich weiß aber, dass er Angst hat.

Baum ist schon drei Jahre dabei und hat einen Bauernhof und einen Jungen, der genau so alt ist, wie wir. Er ist aber krank und kann nicht eingezogen werden. Die anderen Kinder sind noch kleiner. Baum macht Ladekanonier. Er hat ein rotes, aufgesprungenes Gesicht und eine Hakennase. Kasperkopp sagt Spengler dazu.

„Flugzeug drei rechts", sagt Wünsche.

Ich lasse das Geschütz herumlaufen und stelle die Werte ein, die der Zeiger jetzt wieder angibt. Wenn sie schießen lassen, mache ich ein paar Striche daneben, denke ich. Ich will nicht schießen. Es knallt so laut.

Baum hört etwas schwer. Das kommt bestimmt vom Knallen.

„Es wird Gruppenfeuer geschossen", sagt der Unteroffizier.

Wenn ich hochgucke, kann ich das Flugzeug sehen. Es ist im Schnittpunkt von vier Scheinwerfern. Beinahe über uns.

„Fertigmachen", sagt der Unteroffizier.

Ein Rauschen ist zu hören. Es übertönt die Motoren des Geschützes und wird lauter.

„Ducken! Diese Schweine. Er bepflastert uns", sagt Baum.

Ganz in der Nähe schlägt es ein. Ich kann den Luftzug der Explosion spüren. Ein Brand flackert auf drüben zwischen den Häusern.

„Gruppe", sagt Wünsche.

Die Feuerglocke klingelt, während er das sagt.

Sie bepflastern uns, diese Schweine, denke ich und stelle die Werte genau ein.

„Hülsen raustragen", sagt Wünsche, „aber Vorsicht, sind heiß."

Wir nehmen die Hülsen und werfen sie über den Wall.

„Hast du was gemerkt", frage ich Spengler.

„Nee", sagt er und beißt von seinem Kanten ab.

„Ich auch nicht. Haben uns beschmeißen wollen. Diese

Schweine", sage ich.

Beckmann, der immer die Munition trägt, hat die Hülsen gezählt.

„Dreiundsechzig Schuss", sagt er zu Wünsche.

Er ist so stark, dass er in jede Hand eine Granate nehmen und damit Kniebeugen machen kann. Er hat keine Freunde und in seinem Schrank ein Bild mit einem Fischerboot. Das guckt er sich jeden Tag nach dem Aufstehen an. Mit seinen Stubenkameraden redet er selten. Das hat mir Baum erzählt.

„Na, wie wars", fragt Wünsche.

Er steht zwischen mir und Spengler.

„Prima", sage ich. „Denen haben wir es gegeben. Haben uns in die Stellung schmeißen wollen. Die Schweine."

„Na, na", sagt Wünsche. „Nicht so hitzig, junger Freund."

„Lass mal", sagt Beckmann. „Das gibt sich."

Wir marschieren auf den Bahndamm zu. Wenn der Oberleutnant den Befehl gibt, lasse ich mich hinfallen, wie die anderen auch. Wolfgang liegt schräg vor mir und gräbt kleine Löcher. Man kann den Weg verfolgen, den wir querfeldein gelaufen sind. Wolfgangs Löcher haben ihn markiert.

Er macht ein Gesicht, wie ein Mensch, dem sie das Gehirn gestohlen haben, während seine Hände die Erde zur Seite scharren. Es ist gut so zu liegen und zu verschnaufen.

Der Oberleutnant geht herum und guckt nach, ob alle vorschriftsgemäß liegen.

„Sie haben wohl geistigen Dünnschiss", sagt er zu Wolfgang, als er die Löcher sieht.

„Ihnen werden die Haxen abgeschossen werden, wenn Sie sich im Ernstfall so hinschmeißen."

Er hat eine Stimme wie Haifischhaut. Jedes Mal, wenn sie in mein Bewusstsein taucht, schmirgelt sie ein Stückchen weg von dem, was in dem Gedicht steht. Ich habe es heute Morgen nochmal gelesen. Es ist schön, aber es passt nicht. Es passt gar nicht zu dem, was ich gedacht habe, gestern, als sie die Bomben geschmissen haben.

„Auf, marsch, marsch", sagt der Oberleutnant.

Wir sind gleich am Bahndamm und weiter können wir nicht laufen. Zurück dürfen wir gewöhnlich marschieren.

„Hinlegen", sagt der Oberleutnant.

Nicht, dass es alles wegschmirgeln könnte. Je mehr ich vergesse von dem Gedicht, umso größer wird die Wut, dass ich nichts dagegen machen kann. Auch, dass ich keinen fragen kann, macht sie größer. Aber vielleicht ist Wut besser. Vielleicht ist sie besser, als Überlegenheit über all das. Ich weiß nicht.

Scheuermann hat wieder ein Loch gebuddelt. Er hat Schweiß auf der Stirn und atmet schwer. Wenn seine Mutter ihn hier sehen würde, bekäm sie einen Schlaganfall.

„Sie können Ihre Kackstelzen ruhig langmachen", sagt der Oberleutnant zu Spengler.

Die Gedanken kann er mir wenigstens nicht wegschmirgeln. Es ist gut, dass man das weiß. Und Angst hat er auch gehabt, als gestern die Bomben fielen. Das hat mir Wolfgang erzählt. Er hat es gesehen.

„In Marschkolonne angetreten, marsch, marsch", sagt der Oberleutnant.

Er geht vor uns, als wir losmarschieren. Hin und wieder läuft er rückwärts neben uns und sieht nach, ob die Reihen auch gerade sind.

„Fern bei Sedan", singen wir. Bis zum äußeren Splittergraben der Batterie, auf den wir zulaufen, sind es noch fünfzig Schritte. Der Oberleutnant läuft noch immer rückwärts neben uns und kontrolliert die Seitenrichtung. Er hat den Kopf vorgestreckt, während er im Krebsgang mit uns Schritt hält und schnüffelt wie ein Hund. Als ob er eine schlechte Ausrichtung riechen könnte.

Wenn man intensiv an etwas denkt, dann muss es eintreten, habe ich mal gehört. Ich denke daran, dass er in den

Splittergraben fallen muss.

„Gleich", sagt Jünne neben mir.

Der Oberleutnant sieht jetzt unsere Reihe nach. Noch fünf Schritte sind zu gehen. Jeden Einzelnen trete ich richtig aus, weil ich sie in der Erinnerung behalten muss. Die Erinnerung werde ich brauchen in der nächsten Zeit.

Der Graben ist tief und schmal. Ich sehe es, als ich mit meiner Rotte herüberspringe.

Ich muss nicht lachen, als der Oberleutnant herunterstürzt. Ich stelle mir auch nicht vor, ob es schmerzhaft ist. Ich setze meine Füße voreinander im Takt, wie die anderen und singe. Unser Gesang ist nicht lauter als sonst. Wir marschieren, wie eine Maschine mit vielen Füßen.

Vor den Bunkern treten wir weg.

An der Küche läutet die Glocke zur Essensausgabe, und ich fühle mich wohl wie nach einer guten Klassenarbeit, die ich nicht von Wolfgang abgeschrieben habe.

„Heute gibt es Hermann Göring-Spende", sagt der Gefreite Frings am Schalter.

„Halbes Pfund Kekse und ne Tüte Bonbon."

„Wenn wir so weiterfahren, diese Strecke", sagt Baum, „dann kommen wir bei mir in Eilenburg vorbei."

Wir stehen auf dem offenen Güterwagen, auf dem unser Geschütz festgemacht ist. So eine Fahrt macht viel Rost, hat der Alte gesagt. Zwei Stunden Gerätereinigen müssen wir machen. Jeden Tag, solange wir fahren.

Die Sonne brennt vom Himmel herunter, dass man den scharfen Fahrtwind als angenehm empfindet. Baum hat seine Pfeife zwischen den Zähnen und reibt am Verschluss. Er muss sich mit einer Hand festhalten. Die alten Wagen stoßen so, dass man heruntergeschleudert werden kann, wenn man nicht aufpasst.

„Wo ist Eilenburg?", frage ich.

„Ach, irgendwo an dieser Strecke", sagt Baum. „Unser Haus steht an der Bahn. Wir können es nicht verfehlen."

Wünsche springt vom hinteren Wagen, wo das Funkmessgerät draufsteht, zu uns herüber. Scheuermann steht drüben und raucht. Der Lappen, den er in den Hand hält, flattert.

„Na", sagt Wünsche, „noch alle Mann an Deck?"

„Ist gar kein Rost dran", sage ich, „gestern war auch keiner dran."

„Quatsch nicht, putze", sagt Wünsche. „Rausgucken und kleinen Mädchen winken kannst Du trotzdem."

„Noch dreißig Kilometer, dann kommt es", sagt Baum. „Die Windmühle da kenne ich."

„Was kommt", fragt Wünsche.

„Nichts", sagt Baum, „Verschluss ist sauber."

Der Zug fährt über eine Brücke. Ein Fluss mit Kähnen ist darunter. Wünsche spuckt über das Geländer. Erst fliegt die Spucke einen Meter mit dem Zug mit, dann bleibt sie schnell zurück und ist nicht mehr zu sehen.

Wünsche wischt sich den Mund. „Schade", sagt er.

„Keine Sorge, die kommt an", sagt Baum und lässt den Verschluss fallen.

Wünsche schlägt ihm auf die Schulter. „Anton", sagt

er, „ein wahres Wort aus deinem Mund. Das macht das Wetter."

„Nein", sage ich, „das macht es nicht."

„Ist ja Quatsch, was ihr da redet", sagt Baum. „Unteroffizier, geh mal wieder nach hinten. Wir machen hier schon fertig."

Wünsche gibt uns jedem eine Zigarette und springt wieder zu Scheuermann auf den Wagen mit dem FU-MG.

„Höchstens noch zehn Kilometer", sagt Baum an meinem Ohr.

„Ganz bestimmt. Es hat ein Strohdach und ist ganz aus Klinkern gebaut. Meine Frau – blödsinnig ist das – die wäscht immer die Klinker außen mit Seifenwasser. Der Schwamm kann da reinkommen bei sowas. Ein Pferd haben wir im Stall, aber den kann man von der Bahn aus nicht sehen. Er liegt hinten heraus. Zwei Kühe stehen auch mit drin. Bisschen eng, aber zum Anbauen sind wir noch nicht gekommen."

„Halt mal hier, wir wollen die Plane etwas rüber ziehen und festbinden."

Er stopft sich eine neue Pfeife.

„Das ist Großrauschwitz. Da gehen meine Jungs zur Schule, sagt er und deutet mit dem Pfeifenstiel auf ein paar Häuser, die um eine kleine Kirche herumstehen.

„Mein Ältester, der Gerhard, der hat mal einen Karnickelstall gebaut, aus Backsteinen. Hat sich den ganzen Mörtel vom NS-Mütterheim geklaut, das damals gerade gebaut wurde. Schöner Stall geworden. Mit Wasserwaage und allen Schikanen gemacht. Und meine Frau hat so geschimpft wegen dem Kalk, der im Wohnzimmer auf dem Teppich war."

„Du musst die Plane noch mehr rüber ziehen. Ich krieg sie hier noch nicht fest."

Ich sehe, dass Scheuermann winkt und etwas ruft. Baum hat es auch gesehen.

„Lass ihn brüllen", sagt er „wir müssen gucken. Ich muss doch sehen, ob mein Schwager das Dach schon neu gemacht hat. So fünf Kilometer, dann muss es kommen."

Scheuermann hat das Rufen aufgegeben und springt herüber.

„Ich schrei immer und ihr hört nicht", sagt er. „Alle Mann nach hinten in den Kantinenwagen. Befehl vom Alten. Aber schnell. Er hat schon zweimal nach euch gefragt."

Wir gehen langsam die Wagen entlang an den Geräten vorbei. An den Enden warten wir, bis es einen Augenblick nicht so schleudert, ehe wir springen. Der kleine Mähliss ist gestern beinahe heruntergestürzt. Jünne hat ihn im letzten Augenblick noch erwischen können.

In dem geschlossenen Viehwagen, in dem in der Stirnwand ein Durchgang gebrochen ist, sind schon alle versammelt. In der Ecke stehen Rehfelds Bierfässer.

„Na, ein bisschen schneller, dalli", sagt der Alte.

„Setzen. Wollen überflüssige Zeit etwas nutzbringend verwenden. Flakschießlehre. Winkelmessen. Baum, Sie sollen sitzenbleiben und vom Fenster weggehen. Rausgucken können Sie nachher immer noch. Verstanden?"

„Jawoll", sagt Baum.

Er dreht sich langsam um und geht auf seinen Platz zurück. Sein rotes Gesicht hat eine andere Farbe.

„Ist was mit Ihnen los?", fragt der Alte und schlägt sich mit der Hundeleine an den Stiefel.

„Ist schon vorbei", sagt Baum langsam.

Er sieht den Alten an. So wie ein Mensch guckt, der jemanden totschlagen will.

„Was sind flakartilleristische Winkelmesser", sagt der Alte. „Plog?"

Ich merke, dass der Zug steht. Durch die Lücke neben der Tür dringt Licht herein. Die anderen schlafen noch. Es riecht nach Stroh und den Bierresten, die von gestern noch in den Kochgeschirren stehen.

Scheuermann neben mir richtet sich auf. Ich ziehe mich an der Wand hoch und gehe zur Tür, weil ich weiß, was er jetzt macht. Es ist ihm peinlich, wenn man ihm dabei zusieht.

Draußen sehe ich ein paar Güterschuppen und ein Signal, das geschlossen ist. Auf der Straße neben den Gleisen fährt ein Mann mit einem kleinen Wagen. Ein struppiges Pferd trottet vorn in der Gabel. Es beschleunigt seinen Gang nicht, wenn die Peitsche sein Hinterteil trifft. Der Mann schimpft, aber ich kann nicht verstehen, was er sagt.

Ich drehe mich etwas zur Seite und sehe jetzt, was Scheuermann macht. Er hat sich das Stroh aus den Haaren gelesen und sitzt auf seinem Rucksack. Auf seinen Knien liegt ein schwarzes Buch mit einem Kreuz darauf, aus dem er zu lesen scheint. Die Hände hat er gefaltet. Er löst sie hin und wieder, um sich zu bekreuzigen. Dann legt er eine kleine Karte mit Blumen und einem Spruch darauf in das Buch und klappt es zu.

Ich drehe mich schnell um, weil ich weiß, dass er jetzt nachsieht, ob ihn jemand beobachtet hat.

„Na, Du bist ja schon wach", sagt er.

„Ja", sage ich, „guck mal, was da draußen für ein komischer Wagen fährt."

Scheuermann kramt in seinen Sachen. Er holt Brot und die rote Butterbüchse aus dem Brotbeutel. Er beginnt zu essen und trinkt dazu Bier aus seinem Kochgeschirr.

Aus der Ferne hört man Singen. Es klingt, wie viele Kinderstimmen. Ich setze mich an die Tür und lasse die Beine herunterhängen. Weit hinten auf der Straße ist ein langer Zug von Gestalten zu sehen. An den Seiten gehen ein paar Einzelne, die hin und wieder etwas rufen.

„Es sind Kinder. Sie werden einen Ausflug machen", sage ich.

Scheuermann nickt und trinkt von seinem Bier. Er kaut viel länger an jedem Bissen, wie ich. Ich könnte ihm manchmal ins Gesicht schlagen, wenn ich dabei zusehe. Er sagt, das sei gut für den Magen. Sie sind zu Hause drei Kinder und es ist komisch, wenn ich mir vorstelle, dass sie zusammen an einem Tisch sitzen und alle so kauen, wie er. Besonders seine Mutter. Ich muss lachen.

Er sieht mich fragend an und kaut langsamer.

„Nichts", sage ich, „iss nur weiter."

Die Menschenkolonne ist näher gekommen. Sie haben kahle Köpfe und gehen alle im gleichen Schritt. Es klappert, wenn sie die Füße aufsetzen. Sie gehen langsam. Es sieht aus, als wenn alle Kartoffelsäcke auf den Schultern trügen. Aber ihre Schultern sind leer und nach vorn gezogen.

Eine scharfe Frauenstimme gibt Kommandos. Die Figuren an der Seite laufen hin und her, wie Wachhunde. Manchmal laufen sie auch in die Kolonne. Dann hört man Schreie, als wenn jemand geschlagen würde.

Ich merke erst jetzt, dass es Frauen sind. Sie marschieren direkt an uns vorbei. Dreihundert mögen es sein. Sie haben gestreifte Kittel an und Holzschuhe an den Füßen.

Scheuermann, der sich neben mich an die Tür gestellt hat, zittert. Ich merke es deutlich, denn er hat die Hand auf meine Schulter gelegt, um heraussehen zu können. Er holt das schwarze Buch aus der Rocktasche und hält es krampfhaft fest.

Immer mehr Frauen werden es, die vorbeilaufen. Viele haben Flecken auf der nackten Kopfhaut, die weißlich schimmern. Mir wird übel.

Einer der Begleiter kommt die Böschung des Bahndamms herauf. Es ist eine Frau. Sie hat einen schwarzen Uniformrock an und einen Koppel mit einer Pistole um die Taille. Ihre blonden Haare, die lang sein müssen, trägt sie im Nacken zu einem Knoten geschlungen. An einem Lederriemen baumelt eine Hundepeitsche vom Handgelenk. Sie schwingt langsam hin und her, als sie sich ordnend über das Haar fährt.

Dann tritt sie zu uns heran. Sie muss ziemlich alt sein. Etwa vierzig schätze ich.

„Na, Jungs", sagt sie, „wo soll es denn hingehen?"

„Weiß nicht", sagt Scheuermann.

Er hält das Buch mit dem Kreuz jetzt vor der Brust, als wolle er sich dahinter verstecken.

Die sieht ihn scharf an. „Na, na", sagt sie und lässt die Peitsche klatschend gegen die Stiefel fallen.

„Wo sind wir hier?", frage ich.

„Siehst du doch", sagt die Frau, „Auschwitz-Birkenau."

Sie lacht und dreht sich um.

„Singen", ruft sie zu der Marschkolonne herüber.

Die vordersten Frauen geben den Ton an. Dann singen auch die anderen. Es klingt sehr leise und müde. „Das Wandern ist des Müllers Lust", singen sie. Zwei oder drei, sie müssen weit hinten sein, singen eine zweite Stimme.

„Saumäßig", sagt die Frau. Sie hat eine heisere Stimme.

Vierzig Zigaretten pro Tag, denke ich. Sie steht da, wie unser Spieß, wenn er uns Fußdienst machen lässt.

Jünne steht plötzlich neben mir. Er gähnt und kämmt sich die Haare.

„Mensch, ein richtiges Flintenweib", sagt er laut.

„Fresse", sagt die Frau und dreht sich um.

„Mensch", sagt Jünne verblüfft.

Dann springt er auf den Bahndamm und reckt sich.

Die Frau hat die Peitsche in die Hand genommen und mustert ihn.

Jünne macht seine morgendlichen Kniebeugen, beugt den Rumpf ein paar Mal und macht ein paar Laufschritte auf der Stelle. Dann geht er auf sie zu. Erst als sie beinahe zusammenstoßen, bleibt er stehen.

Ich kenne das. Jünne ist der Stärkste in unserer Klasse. Immer, wenn er Prügel verteilte, fing er so an.

„Haste hier was zu melden", fragt er.

Die Frau hebt die Hand mit der Peitsche.

„Denkste", sagt Jünne.

Dann hebt er die Hand und schlägt zu. Die Frau taumelt rückwärts.

„Hau ab, olle Zicke", sagt er, „sonst rege ich mich auf und dann gibt's Senge."

Er lehnt sich an den Wagen und sieht zu, wie die Frau in langen Sätzen hinter der marschierenden Kolonne herläuft. Die rechte Hand mit der Peitsche hat sie auf das Gesicht gepresst.

„Guck mal, wie die rennt", sagt Jünne. „Tolles Weib übrigens, haste die Brust gesehen?"

Scheuermann lehnt immer noch neben mir in der Tür. Er sieht starr nach links, wo die letzten Frauen langsam hinter einer Biegung der Straße verschwinden.

Ich tippe ihm auf die Schulter.

„Steht darüber auch etwas in deinem Buch?", sage ich.

Er dreht die Schulter weg, als wenn ihm meine Berührung unangenehm ist und steckt es schnell in die Tasche.

Jünne hat eine Karte auf der Erde ausgebreitet.

„Noch zwanzig Kilometer bis Auschwitz", sagt er.

_____

„Du", sagt der lange Spengler zu mir, „heute kriegen wir nen Transport aus dem Lager. Stellungsbau, weißte?"

„Die fallen ja um, wenn sie ne Schippe anfassen sollen", sage ich, „warum lässt der Alte das nicht von den Iwans machen, die fressen doch genug in der Küche?"

„Weiß nicht, Befehl von oben. Von jedem Geschütz bleibt ein Mann an der Spritze. Aufpassen, dass sie nichts kaputt machen. Sabotage und so. Sind ganz gefährliche Burschen, sagt Leutnant Wagner, Berufsverbrecher und Hundertfünfundsiebziger."

Spengler grinst. Er hatte uns gestern nach dem Zapfenstreich vorgemacht, was das ist. Das wusste er von seinem Vater. Der ist bei uns in Spandau Arzt. Der kleine Mähliss war dabei ganz rot geworden und hatte sich dann in die Klappe gelegt und die Decke über die Ohren gezogen. Ich grinse zurück.

„Pepo, machen die das wirklich so, so von hinten, meine ich?"

Spengler zieht ein geheimnisvolles Gesicht und lächelt anzüglich.

„Die musste mal beobachten, wenn sie arbeiten. Sie haben so einen rosa Winkel auf dem Ärmel. Als wenn Du meine Schwester mit dem Beil Holzhacken schickst. Aber Tschüss jetzt, ich muss rüber zu Anton. Du gehst zu Berta, Befehl von Wünsche. Ist heute UVD."

Langsam steige ich über die Kabelgräben und gehe auf unser Geschütz zu. Ein Scharführer der Waffen-SS wartet dort mit acht gestreiften Figuren.

„Hier hast Du die Leute zum Stellungsbau. Wenn einer abhauen will oder mosert, knallste ihm eine vorn Latz. Reden hat keinen Zweck, verstehen kein Wort Deutsch, verstanden?"

„Jawohl, Herr Scharführer."

Die Leute stehen, während der Scharführer mit mir redet, teilnahmslos auf ihre Schippen gestützt herum und warten, dass ich ihnen etwas sage. Ihre glattrasierten Köpfe spiegeln sich in der Sonne. Sie stinken nach Entlausungspulver. Ich winke sie heran und zeige ihnen, was sie machen sollen. Einer, mit einer großen schwarzen Hornbrille und einem buckligen Schädel, gibt mir ein Stück Papier und einen Bleistiftstummel und macht die Bewegung des Aufzeichnens. Ich zeichne den geplanten Geschützwall in seiner Höhe und Breite. Er nimmt das Blatt, verbessert noch einiges und gibt dann den Übrigen in einer mir unverständlichen Sprache Anweisungen. Sie nehmen die Schaufeln und fangen hastig an zu arbeiten.

Ich sitze auf der Ladebühne, rauche und schaue ihnen zu. Der mit der Hornbrille arbeitet dicht vor mir und hat, wie die anderen auch, seine Jacke ausgezogen. Ein Körper, wie ein Abdeckergaul, muss ich denken. An den Armen sind nur noch Sehnen. Von Zeit zu Zeit dreht er sich um und guckt, wie weit ich mit meiner Zigarette bin. Ich werfe sie ihm halbaufgeraucht hin.

Er hebt sie auf, macht drei tiefe Lungenzüge und gibt sie dann einem Nebenmann weiter. Meine Mutter hat mir sechzig Stück geschickt. Ich zähle aus der Schachtel acht ab, lege sie auf den Munitionsstapel neben dem Geschütz und drehe mich um. Als ich nach einer Weile wieder hinsehe, sind die Zigaretten weg.

Der mit der Hornbrille sagt plötzlich, während er hastig weiterarbeitet, irgendetwas, das ich nicht verstehen kann. Dann kommt noch ein kurzer Satz hinterher. Das Wort SS höre ich raus.

Ich blicke hoch und sehe den Scharführer von Batteriemitte auf uns zukommen.

„Kiek dir det an", ruft er schon von Weitem, „die Kerle rochen schon wieder wie die Schlote. Die haben doch den janzen Tag nischt zu tun, als Kippenstechen. Musst ihnen anständig in den Arsch treten, wenn se nich wolln."

„Es geht ganz gut, Herr Scharführer", sage ich, „sie haben schon ne ganze Menge geschafft."

„Hoch die Tassen, hoch die Tassen", sagt Wünsche und bläst in seine Trillerpfeife.

Ich steige aus dem Bett. Hugo hat sich aufgerichtet und drückt an seinem Furunkel herum.

„Geh Kaffee holen", sagt Ede zu ihm, „aber wasch dir vorher die Pfoten."

Nach dem Frühstück gehe ich zum Geschützstand. Ich ziehe die Messkartusche aus dem Behälter und lese das Thermometer ab. „Dreißig Grad", sage ich in das Geschütztelefon.

„Verdammt heiß", ruft Wünsche, der plötzlich auf dem Wall steht und springt zu mir in den Stand.

„Wir kriegen heute wieder ein paar von den Jammerlappen aus dem Lager. Arme Deibel. Wäre besser, wenn wir den Wall fertigmachen könnten."

Er steigt auf die Ladebühne, zieht den Verschluss auf und sieht nach, ob genug Fett im Verbrennungsraum ist.

„Ich fühle mich richtig unsicher hier, wenn die Kerle das gebaut haben. Wäre wirklich besser, wenn wir das machen könnten."

Er lässt den Verschluss zufallen und springt auf die Erde.

„Na, is ja nu auch egal. Pass auf, dass die keinen Mist machen. Die SS-Bullen werden wild, wenn sie was merken."

Er gibt mir einen Klaps auf den Rücken und geht zur Schreibstube, wo eben das Auto aus dem Lager angekommen ist.

Es sind wieder dieselben Leute. Der mit der schwarzen Hornbrille verteilt die Übrigen, und sie beginnen mit hastigen, puppenhaften Bewegungen mit dem Schaufeln.

Ich lege acht Zigaretten an den alten Platz und sehe diesmal zu, wie sich jeder eine nimmt.

Sie rauchen. Wie in einem schnell ablaufenden Stummfilm sieht das aus. Ich verspüre einen Lachreiz.

Von Batteriemitte her ist Lärm zu hören. Wie ich auf den Tritt steige, sehe ich, dass es drei von den Lagerinsassen sind.

Sie prügeln sich. Die kahlen Köpfe sind vor Anstrengung gerötet. Sie schreien und zwei versuchen, dem Dritten etwas fortzunehmen. Er liegt auf dem Boden, mit dem Gesicht nach unten. Baum steht daneben und grinst.

Ich gehe zu ihm.

„Die schlagen sich um meinen Stummel", sagt er. „Haben sich darauf gestürzt, wie die Hyänen. Pfui Deibel, sind doch keine Menschen mehr."

Die beiden haben von dem am Boden Liegenden abgelassen.

Er steht langsam auf und öffnet die linke Hand. Der Stummel ist dreckig und nass vom Schweiß. Er klopft mit dem Zeigefinger auf die Enden und steckt ihn dann zwischen die Lippen. Die beiden anderen stehen dabei, jetzt wieder teilnahmslos. Einer holt eine alte Zündholzschachtel aus der Tasche und gibt ihm Feuer. Sie sehen zu, mit aufmerksam geneigten Köpfen, wie er den Rauch inhaliert. Dann gibt er den Stummel dem Mann mit der Streichholzschachtel. Baum steht neben mir, beobachtet sie und schüttelt den Kopf.

„So ein Quatsch, keine Menschen mehr, so ein Quatsch", sagt er.

———————

Magin hat heute von zu Hause eine Pistole geschickt bekommen. Einen belgischen Browning. Kaliber neun Millimeter. Man kann einem den Schädel einschlagen mit dem Kolben. Wir stehen alle um ihn herum und sehen zu, wie er sie auseinander nimmt. Alkemayer hat schon vor 4 Wochen eine bekommen und zeigt ihm, wie man das macht.

„Beim Reinigen und Auseinandernehmen immer vorher das Magazin rausziehen", sagt er.

Magin zieht das Magazin heraus und legt es auf den Tisch. Dann zieht er den Schlitten zurück und hakt ihn aus.

„Da ist ja noch ne Patrone drin", sagt Scheuermann. Magin nimmt sie aus dem Lauf und legt sie zu dem Magazin auf den Tisch.

Die anderen haben das Interesse an der Pistole langsam verloren und gehen durch die Tür ins Freie zu ihren Bunkern.

Ich pumpe mir von Scheuermann noch eine Zigarette, stecke sie an der Karbidlampe an und gehe nach nebenan. Ich muss noch Schuhe putzen.

Hugo, mein Obermann, sitzt auf dem Bettrand und zeigt Ede und Otto Bilder mit nackten Mädchen.

„Habe ich auf dem letzten Urlaub alle selbst fotografiert", sagt er.

Wir können ihn alle nicht leiden. Er ist dreckig und hat immer ein Furunkel im Genick.

Ich stelle meine Schuhe vor den Ofen, damit das Lederfett gut einzieht und drehe die Karbidlampe zu.

Nebenan, bei Magin, ist noch Krach. Im Augenblick haben sie wohl gerade den Kälber vor. Er ist der Schwächste und fällt auf jede Gemeinheit rein. Ede knurrt im Schlaf.

Ich wache auf, weil mich Ede am Arm rüttelt.

„Die haben Kälber ein Ding verpasst", schreit er, „er blutet wie ein Schwein am Hinterkopf."

Er heult fast. Ich springe auf und renne nach nebenan. Kälber liegt neben dem Ofen und stöhnt. Das Blut läuft ihm hinter den Ohren hervor auf die Erde. Er ist sehr schmächtig, und das Blut färbt ihm seine blonden Haare.

„Verdammt nochmal", sagt Scheuermann, „Pfui Deibel."

Dann heult er und muss sich übergeben.

Magin rennt an mir vorbei. Draußen höre ich ihn nach dem Sanitäter schreien.

Kälber schlägt jetzt immer im selben Rhythmus mit dem Arm auf die Erde. Mir wird übel. Ich muss raus. Ich stolpere durch die Schneewehen, bis ich endlich die Tür von Wünsches Bunker finde.

„Herr Unteroffizier, sie haben den Kälber erschossen", sage ich noch, dann bekomme ich einen Weinkrampf, und Wünsche trägt mich auf sein Bett.

„Trink erst einen Schnaps", sagt er, „davon wird das besser."

Er zieht sich dabei die Hosen an und steigt in die Stiefel.

„Wenn du noch einen willst, da steht die Buddel. Ich schaue derweil nach, was los ist. Beckmann, du passt inzwischen auf den Jungen auf."

Er macht die Tür hinter sich zu.

Beckmann gibt mir eine Zigarette und steckt sie an. Er brummt beruhigend. Wir warten. Ab und zu dreht er eine Neue. Das geht furchtbar schnell. Höchstens zwanzig Sekunden. Dann bedient er sich aus Wünsches Flasche. Er nimmt dazu sein Zahnputzglas.

Nach einer Stunde kommt Wünsche wieder.

„Tot", sagt er kurz.

„Du kannst wieder rübergehen. Sie haben ihn schon weggebracht."

Langsam gehe ich durch die Batterie zum Bunker.

„Es wird bald Alarm kommen", sagt Baum, der bei Anton Wache steht. „Es ist schon Vorspiel."

Der Laderaum ist mit blauem Fett ausgeschmiert. Baum steht neben mir vor der Ladebühne. Er hat die Übungspatrone auf der Schulter. Wenn die Feuerglocke läutet, gibt er sie mir herauf, und ich lege sie in die Ladeschale. Dann ziehe ich am Auslösegriff und sie verschwindet schmatzend im Laderaum, im Hineingleiten den Auslösestempel herunterdrückend, der den Verschluss dröhnend zufallen lässt.

Mir wird übel von dem Geräusch. Ich habe nichts zum Frühstück gegessen.

Von Mutter kam heute früh ein Brief. Wirf die gebrauchten Strümpfe nicht immer weg, es sind hier so schwer welche zu bekommen. Schick sie nach Hause und besorge für Vater Tabak, der letzte ist alle. Sie hat das mit Schreibmaschine geschrieben. Von allen Briefen macht sie Durchschläge und heftet sie ab. „Briefe Thomas", steht auf dem Ordner, „von Januar 1944 bis …"

Dahinter ist ein Platz freigelassen. Ich hab es gesehen im letzten Urlaub. Wenn ich nach Hause komme oder tot bin, wird sie das fehlende Datum eintragen. Sie wird es nicht vergessen, auch wenn ich tot bin. Dann bekommt Vater keinen Tabak mehr, das ist ärgerlich. Er ist hier doch so billig.

„Du sollst nicht pennen", sagt Wünsche.

„Noch dreißig Gruppen, dann ist Schluss für heute. Feuerpause!"

Spengler lässt das Geschütz in die Ausgangsstellung herumschwenken.

„Er liegt in der Wachstube. Sie haben ihn abgewaschen und mit dem Laken zugedeckt", sagt er.

Das Geschütz beginnt sich wieder zu drehen.

„Achtung, Gruppenfeuer", sagt Wünsche.

Baum gibt die Übungspatrone herauf. Als ich den Griff fasse, sehe ich Kälbers Gesicht. Ganz deutlich sehe ich es im Laderaum. Nur die Augen sind weg. Blaues Fett ist in den Höhlen. Der Mund öffnet sich, wie um zu schreien, als die

Feuerglocke anschlägt. Ich kann nicht abziehen, die Patrone würde ihn zerquetschen, muss ich denken.

„Na, mein Süßer, wird's bald?", sagt Wünsche.

Ich ziehe den Griff und merke, dass Kälber plötzlich neben mir steht.

„Du brauchst dich nicht zu entschuldigen, Befehl ist Befehl", flüstert er in mein Ohr.

Mir ist warm, und ich fühle, wie ich sinke. Immer tiefer in den Erdboden. Ich muss zu Kälber, der stehengeblieben ist, heraufsehen. Irgendetwas schmerzt einen Augenblick. Dann ist nichts mehr.

„Mensch, hast Du einen Dusel gehabt", sagt Ede.

Ich sehe sein Gesicht. Es ist groß und rund, wie ein Vollmond und etwas gerötet.

„Erst kommste mit der Hand in die Ladeschale und dann hauste Dir noch die Birne auf, ohne dass was passiert. Wünsche hat dich hergebracht vor vier Stunden."

Ich merke, dass ich auf meinem Bett liege. Ede hat sich wieder an den Tisch gesetzt. Er dreht Zigaretten auf Vorrat. Die Fertigen liegen vor ihm in kleinen Haufen. Ich will sie zählen und merke, dass es nicht geht.

„Ich kann nicht mehr rechnen, Ede", sage ich.

Ede grinst. „Das macht doch nichts. Kleine Gehirnerschütterung. Geht bald vorüber. Hatte ich auch mal."

Er wirft eine Zigarette herüber und gibt mir Feuer.

„Sei froh, dass du hier bist. Die anderen üben Parademarsch für Kälbers Beerdigung. Schon seit zwei Stunden. Ich soll auf dich aufpassen. Feine Sache."

Ich muss die Zigarette mit der linken Hand halten. Die Rechte schmerzt, wenn ich sie bewege und ist mit Binden umwickelt.

„Wenn einer kommt, machste die Augen zu und pennst", sagt Ede, „denn kann ich noch ne Weile hierbleiben."

Ich kann hören, wie die anderen draußen vorbeimarschieren.

„Ich hatt einen Kameraden", singen sie.

„Das muss geübt werden, für die Beerdigung", sagt Ede.

„Ich kenn die Mutter von Kälber. Is ne feine Frau. Macht den ganzen Weinberg alleine. Der Mann ist gestorben. Is nur noch ne Schwester da. Das ist ein Mädchen, sag ich Dir. Wir waren ein paarmal zusammen tanzen, in Dürkheim unten. Aber anständig war sie, pfui Deibel, da kamste nicht ran."

„Schreibt dir deine Mutter auch Briefe mit der Schreibmaschine?", frage ich.

„Nein", sagt Ede", wir haben gar keine."

„Das ist gut", sage ich.

Wünsche macht die Tür auf und kommt ins Zimmer.

„Na, Junge", sagt er.

Ich sehe, dass er verlegen ist und nicht weiß, wie er sich benehmen soll.

„Schon besser, Herr Unteroffizier", sage ich, „aber Ede soll noch hierbleiben."

„Ist gut", sagt Wünsche.

Dann legt er etwas auf mein Bett.

„Ich wollte es eigentlich meiner Frau schicken, aber ..."

Er schnaubt sich die Nase.

„Morgen fährst du nach Kattowitz zum Röntgen. Ich hab dem Alten gesagt, dass was gebrochen sein könnte."

Dann geht er schnell hinaus.

„Guck mal, ne richtige Tafel Schokolade hat er dir mitgebracht", sagt Ede, „wie mein Onkel, der machte auch immer soviel Heckmeck darum, bis er damit rausrückte."

„Ich hatt einen Kameraden" hört man jetzt wieder von draußen.

Dann die Stimme von Oberleutnant Schier.

„Hinlegen, ihr laschen Würstchen", sagt er.

„Nennt ihr das singen? Ist bestenfalls ein Jungfrauenchor."

„Die üben immer noch Beerdigung", sagt Ede plötzlich wütend.

„Ich glaube, ich muss dem Alten mal aufs Maul schlagen."

———————

Das Mädchen reicht mir den Zucker.

„Zwei Löffel?", fragt es.

„Ja", sage ich und rühre in meiner Tasse.

Es riecht nach Schule und trägt ein HJ-Abzeichen an der Kostümjacke.

„Ja, als Sie nun beim Üben mit der Hand in die Kanone gerieten, wusste man denn da, ob etwas gebrochen war?"

„Nein", sage ich, „deswegen bin ich ja hier in Kattowitz. Zum Röntgen."

Meine Tante unterhält sich mit Frau Degenhard darüber, dass heute Dienstmädchen so knapp sind. Sie sagt öfter „meine schöne Wohnung", während sie erzählt.

Ich schlafe, wenn ich hier bin, im Bett meines Vetters. Er ist schon lange an der Front. Der Onkel sitzt in der Ecke und raucht seine Pfeife.

„Spiel uns mal was", sagt er zu dem Mädchen.

Die Hand tut weh, ich kann die Finger nicht bewegen. Später setzt sie sich zu mir.

„Ich heiße Katarina", sagt sie, „und du?" „Gib mir eine Zigarette, Katarina, und Feuer", sage ich.

Sie steckt mir eine Zigarette in den Mund und entzündet ein Streichholz.

„Danke", sage ich, „du bist sehr nett."

„Ich bin genauso alt wie du", sagt sie.

„Fein", sage ich und rauche.

Der Onkel hat sich mit Katarinas Vater zu einer Partie Schach an den Rauchtisch gesetzt. Zwischen den Zügen sprechen sie über die politische Lage.

„Die kommen unmöglich weiter in Polen", sagt mein Onkel, „unsere Front hat sich wieder stabilisiert."

„Sie haben natürlich ganz recht", sagt Herr Degenhard, „aber man müsste noch bedenken …"

Aber das sagt er nicht. Langsam schiebt er eine Figur drei Felder weiter.

„Kannst du tanzen?", fragt Katarina.

„Nein", sage ich, „aber ich kann gut schießen. Ich werde dir es beibringen."

„Ich glaube, das muss man auch können", sagt sie nachdenklich.

Auf der Stirn hat sie zwei Falten. Wie bei einem Dackel sieht das aus.

„Ich werde dich Kat nennen."

„Wenn du willst", sagt sie.

Sie nimmt sich einen Keks vom Tisch steckt ihn mir in den Mund.

„Sind sie nicht süß, die beiden?", sagt meine Tante.

„Ja, ja, aus Kindern werden Leute", sagt Frau Degenhard und lächelt mir wohlwollend zu.

Am nächsten Morgen gehe ich zum Lazarett. Der Soldat in der Pförtnerloge schreibt die Nummer meiner Einheit auf und „Zweiter Stock, Zimmer einhundertelf."

„Was ist?", frage ich, als ich die Hand unter die Röntgenapparatur lege.

„Schwein gehabt", sagt der Mann im weißen Kittel.

„Keine Fraktur des Mittelhandknochens. Kannst in acht Tagen wieder als Primgeiger auftreten."

„Ich spiele Klavier", sage ich.

Der Mann lacht. „Kommst die nächsten drei Tage zur Massage hierher. Urlaubsschein wird von uns verlängert."

„Noch drei Tage", sagt Kat. „Dann vergesse ich dein Gesicht nicht mehr. Es gehen so viele an einem vorüber, und ich kann so wenige behalten."

Das Zimmer, in dem wir sitzen, ist geräumig, und es stehen Möbel an allen Wänden herum. Auf dem Tisch steht eine Schale mit drei künstlichen Apfelsinen darin.

Ich muss sehr gerade sitzen, die geschnitzte Lehne drückt sonst im Kreuz.

„Gehen wir?", frage ich.

„Ich hole nur noch die Schlittschuhe", sagt sie.

„Lass", sage ich, „und komm."

Wir gehen die Straße entlang. An den Rinnsteinen ist der Schnee in Haufen zusammengeschaufelt. Alle zehn Meter ist so ein Berg. Es sieht schmutzig aus.

„Wir wollen nicht mehr in das Zimmer gehen", sagt Kat, „da muss ich immer soviel Dummes sagen."

„Ja, Kat", sage ich.

Wir biegen in eine Seitenstraße. An der Ecke ist eine Kneipe. Soldaten sind durch die offene Tür, aus der Tabakqualm abzieht, zu sehen. Sie sitzen um einen großen, runden Tisch und sind betrunken.

„Ein Heller und ein Batzen", singen sie.

Kat summt die Melodie leise mit.

„Ihr hattet vorgestern einen großen Angriff", sagt sie.

„Ja", sage ich, „hundertachtundvierzig Schuss in einer halben Stunde."

„Ist es schwer, das Schießen?", fragt Kat.

„Es geht", sage ich, „so achtzig Pfund wiegt die Granate."

„Na", sagt Kat, „du bist ja auch stark."

Sie legt ihren Arm in meinen, und wir gehen jetzt im gleichen Schritt. Wir kommen an einer Litfaßsäule vorbei.

„Urlauber gehen in die Bagatelle", steht auf einem schreiend bunten Plakat.

„Warum machst du wieder solche Dackelfalten, Kat?", frage ich.

„Ich muss denken."

„Bist Du nun fertig?"

„Ja."

„Und?"

„Wir reißen morgen aus."

„Wohin", frage ich.

„Das wirst du sehen", sagt sie, „kommst du mit?"

„Ja, Kat", sage ich, „mit dir ja."

Wir sind stehengeblieben.

„Ich möchte dir einen Kuss geben, Kat", sage ich.

Sie nickt und sieht mich an. Ihre Lippen sind warm und fest geschlossen. Mir ist leicht zumute.

„Morgen", sagt sie.

„Mutter weiß Bescheid", sagt Kat, während sie den Rucksack auspackt.

„Sie sagt, dass es nun doch alles egal sei wo die Russen bald kommen."

„Sie ist eine vernünftige Frau", sage ich.

Durch die Tür der Hütte sieht man die Sonne langsam hinter dem Bergmassiv der Hohen Tatra hervorkommen. Es ist kalt und klar.

„Dort in der Ecke stehen die Ski, es sind die von meinen Eltern", sagt Kat.

„Du, Kat."

„Ja?"

„Jetzt ist das unser Zuhause, und wir wohnen richtig hier."

Sie kommt auf mich zu und lehnt sich an mich. Dann streicht sie mir über die Haare und küsst mich.

„Mach es dir bequem", sagt sie, „ich will schon gut für dich sorgen. Gleich gibt es etwas zu essen."

Sie schließt die Tür und beginnt Feuer zu machen. Die Flammen prasseln. Es wird langsam warm. Kat kniet vor der Herdtür und legt Holzscheite nach.

Ich denke an die Fahrt. Als wir in den Zug steigen wollten, kam einer von der Feldpolizei auf uns zu. Ein Obergefreiter. „Papiere", hatte er gefragt. „Wir haben heute geheiratet", sagt Kat und hängte sich schnell bei mir ein. „Ach so", grinste der Mann, „na dann viel Vergnügen."

Kat hatte die ganze Fahrt kein Wort gesprochen. Sie schämte sich.

Ich muss lachen. Kat sieht mich an.

„Wie schnell doch das Heiraten geht", sage ich, „eben wusste man noch nichts davon und dann ist mans mit einem Mal."

Sie wird rot. Dann bückt sie sich schnell und wirft ein Stückchen Holzkohle nach mir.

„Quatschkopf", sagt sie.

Ich ziehe meine Pfeife aus der Tasche und richte das

Mundstück auf sie.

„Noch ein Wort, und du wirst erschossen", sage ich.

Sie streckt mir die Zunge heraus und rührt emsig in ihrem Topf herum.

Draußen hört man das Motorengeräusch schwerer Flugzeuge.

Ich trete vor die Hütte. Zwanzig Maschinen sind es. Dreimotorige. Die Benzingase malen ein Muster an den Himmel.

In der Batterie werden sie jetzt gleich schießen, denke ich. Spengler wird K 3 machen, und Wünsche wird schimpfen, dass ich nicht da bin.

„Ich möchte hierbleiben, bis alles vorbei ist", sage ich.

Ich schnalle Kat die Bindungen fest. Sie ist zappelig und möchte am liebsten gleich losfahren.

„Warte", sage ich, „und wenn es zu schnell geht, dann benutze die Po-Bremse."

Kat lacht.

Ich nehme die Stöcke und stoße mich ab.

Kat ist vor mir.

„Knie weich", rufe ich.

Sie dreht sich um und winkt.

Auf einem Bergkegel, etwa zweihundert Meter vor uns steht ein Rehbock und äugt herüber. Ab und zu beugt er seinen Kopf zur Erde und nimmt etwas auf aus dem Schnee.

„Sieh", sagt Kat, „der nimmt uns nicht ernst. Er glaubt, wir seien harmlos, dabei hast du eine Pistole."

„Übrigens", sage ich, „ich wollte dir noch das Schießen beibringen."

„Fein", sagt Kat, „wir bauen einen Schneemann vor der Hütte, da haben wir eine gute Zielscheibe."

Kat steckt ihm zwei Kohlestücke als Augen in den Kopf und eine Mohrrübe in die Mitte darunter. Ich nehme die Pistole aus dem Futeral und spanne sie.

„Wohin muss man denn schießen, wenn man ihn totmachen will", fragt Kat.

Sie hat aufgeregte Augen.

„Dorthin", sage ich und drücke ab.

Ein kleines Loch ist im Schnee zwischen den beiden Kohlestücken. Kat zuckt zusammen.

„So schnell geht das", sagt sie leise.

Ich nehme ihre Hand und lege die Pistole hinein.

„Den linken Fuß etwas vorsetzen und den rechten Arm, der die Waffe hält, nicht ganz ausstrecken", sage ich.

Ich bringe ihren Arm in die richtige Stellung und trete zur Seite. Weit hinten am Hang stäubt eine kleine Schneefontaine auf.

„Du hast nicht getroffen, Kat", sage ich.

„Das ist gut", sagt sie.

Sie hat die Augen geschlossen.

„Komm, es ist unser letzter Tag.

Morgen früh müssen wir fahren."

Es wird langsam dunkel, und Kat steckt eine Kerze in den Leuchter, der auf dem Tisch steht.

„Wir wollen diesen Abend feiern", sagt sie.

„Du wirst hier auf diesem Stuhl sitzen, und ich hier auf der Bank."

„Und der Leuchter soll zwischen uns stehen, und wir wollen reden, bis die Kerze auslöscht", sage ich.

Kat stellt die Tassen auf den Tisch und Stücke von dem Kuchen, den wir mitbrachten. Dann geht sie in die Ecke, wo die beiden Feldbetten stehen und der schmale Schrank mit den schmalen Fächern. Das obere mit meinen Sachen, denn ich bin größer, und das untere mit ihren. Sie zieht den Pullover über den Kopf und öffnet den Reißverschluss der Skihose. Die Kerze flackert etwas, und ich kann nur die Umrisse ihres Körpers sehen.

„Du bist schön, Kat", sage ich.

„Ach Quatsch", sagt sie, „ich will das neue Kleid anziehen, damit ich halbwegs vernünftig aussehe."

Sie streift das Kleid über und zieht es über die Hüften. Eine Haarlocke hängt ihr auf die Nase.

„Mach' mal zu hinten", sagt sie, „die blöden Knöpfe."

Es sind sechzehn. Ich fange oben am Nacken an. Ihre Haut, die ich spüre, ist warm und riecht nach Lavendel, wie die Wäsche zu Hause in Großmutters Schrank.

„Nun mach doch", sagt Kat, „ich muss den Kaffee aufbrühen. Es ist richtiger."

„Dann werden wir lange nicht schlafen können", sage ich.

„Das wollen wir auch nicht", sagt Kat. Sie hat ganz sonderbare Augen, während sie das sagt.

„Komm, wir werden uns zusammen auf die Bank setzen", sagt sie und gießt den Kaffee in die Tassen.

„Und dann wollen wir alles das reden, was wir uns noch nicht gesagt haben."

„Wie du willst, Kat", sage ich und esse von dem Kuchen.

„Morgen muss ich …"

„Ja", sagt Kat, „deshalb."

„Ich hab dir noch nicht gesagt, dass ich dich lieb hab, Kat."

„Ich dir auch nicht."

„Und?"

„Nun ist es gesagt."

„Ja."

„Du musst ein bisschen näherkommen. Der Augenblick des Alleinseins kommt immer schon, bevor man sich verabschiedet. Und ich will noch nicht allein sein."

„Das ist gut. – Du bist doch schön, Kat."

„Findest du? Vielleicht sagst du es nur, weil du es morgen schon nicht mehr nachprüfen kannst."

„Ich kann es morgen nicht mehr nachprüfen."

„Vielleicht ist es gut so. Wir brauchen uns dann dessen, was heute sein wird, nicht zu schämen."

„Du bist bitter, Kat."

„Nein, du bist dumm."

„Was wird heute sein?"

„Frage nicht, ich weiß es nicht sicher. Ich weiß nichts mehr sicher, jetzt in dieser Zeit, und seitdem ich dich kenne."

„Ich weiß sicher, dass ich dich lieb hab."

„Das ist viel, du."

„Sieh, Kat, die Kerze ist beinahe heruntergebrannt."

„Ja, wir wollen uns hinlegen und weitersprechen."

„Ich werde das Licht auslöschen."

„Nein lass, ich will sehen, wie du dich auszieht. Ich will sehen, ob ich das komisch finde."

„Und was ist dann?"

„Dann weiß ich, dass ich dich lieb hab."

„Ist es komisch?"

„Ja, sehr!"

„Danke."

„Komm ein bisschen und wärme mich."

„Aber Kat."

„Schade."

„Ich komm ja schon."

„Jetzt stecken wir beide unter einer Decke."

„Ja."

„Was du für Ecken hast, überall. Wenn du mal dicker sein wirst, werde ich nicht mehr wissen, wo du bist."

„Du sollst immer wissen, wo ich bin, Kat."

„Lass, es ist auch nicht wichtig."

„Kat, ich möchte einmal fühlen, ob deine Brust weich ist."

„Du darfst."

„Sie ist weich. Ich kann sie mit der Hand bedecken."

„Du hast auch eine große Hand."

„Bist du nun warm?"

„Ja, warum?"

„Dann kann ich ja in mein Bett gehen. Ich hab doch so viel Ecken."

„Wenn Du willst."
„Und was willst Du?"
„Das ist nicht wichtig."
„Gute Nacht, Kat."
„Gute Nacht."

———————

„Du sollst zum Alten kommen", sagt Wünsche.

Er steht vor einem kleinen Spiegel, den er am Bettpfosten aufgehängt hat, und rasiert sich.

„Warum?", frage ich. „Ich hab doch nichts …"

„Nee", sagt Wünsche, „nich mit Paradekiepe und feldmarschmäßig. Nur so. Ich hab ihm vorgeschlagen, dass du die Russen übernimmst. Weil doch Brenner abgestellt wird."

Er holt sein Rasiermesser aus dem Schrank und beginnt es auf der Innenseite des Koppels zu schärfen.

„Willst nu, oder nich?"

„Doch", sage ich.

„Na denn ist gut. Ihr Hüpfer braucht ja immer nen Druckposten, sonst fallt ihr aus den Pantinen. Brauchst den ganzen Tag kein Batteriedienst zu machen. Nur bei Alarm biste am Geschütz."

„Also, ich geh mal rüber", sage ich.

Ich laufe quer durch die Stellung auf den Chefbunker zu. Beinahe in Batteriemitte, dort wo das Verteilerhäuschen ist, haben sie Kälber beerdigt. Auf dem Hügel steckt ein Kreuz und sein Stahlhelm hängt daran. Ede hat mir erzählt, es hätte mit dem Singen nicht geklappt bei der Feier. Der Alte sei sehr wütend gewesen und hätte sie robben lassen. Die Unteroffiziere mussten auch mitmachen. Immer um das offene Grab herum. Und dann hätte er was von Großdeutschland geredet und Scheuermann zusammengeschissen, weil er im Glied laut gebetet hat. Zugeschippt hätten das Grab dann die Russen und auch Tannenzweige daraufgelegt, die jetzt noch da liegen.

„Der Alte is nich da", sagt Hirsch, als ich in den Vorraum trete.

„Ich putze Stiebel. Setz Dir n bisken."

Er hat die Stiefel vor sich aufgebaut und ist dabei, mit seinem Taschenmesser den hartgewordenen Schlamm vom Oberleder zu kratzen.

„Kiek dir det an", sagt Hirsch, „der Fatzke. Sieben Paar.

48

Und jeden Tag mindestens fünf Paar dreckig. Der reinste Maskenball."

„Ich geh lieber", sage ich, „wenn er mich hier findet, gibt's wieder Rabatz."

„Ich soll Dir aba wat bestelln", sagt Hirsch. „Warte mal …"

Er schiebt sich die Mütze auf die Nase und kratzt sich am Hinterkopf.

„Pass auf! Du sollst, eingedenk der Tatsache, dass es sich um russische Untermenschen handelt, also um Individuen, die im Wert nicht im entferntesten an die Qualitäten unserer germanischen Rasse heranreichen, die wir aber im Augenblick gegen Russland einzusetzen gezwungen sind und ihnen deshalb gewisse Zugeständnisse machen müssen …"

„Hör auf", sage ich, „du hast ja keine Puste mehr."

„Komisch", sagt Hirsch.

„Was ist komisch?"

„Der hat sogar noch weitergeredet, ohne Luft zu schnappen."

„Also kann ich sie vernünftig behandeln, ohne eins auf den Deckel zu kriegen?"

„Ja, det wars wohl, wat er meinte."

„Du", sage ich, „sind feine Kerle drunter."

„Geh", sagt Hirsch, „sags ihnen. Sie werden sich freuen. Mehr zu fressen solln se auch kriegen."

„Ede will den Alten aufs Maul schlagen", sage ich, während ich die Tür aufmache.

„Is jut", sagt Hirsch, „ick lege ihn Ede jedesmal richtig zurechte, damita och wat davon hat. Sieben paar Stiebel. Son Fatzke."

———————

Auf dem Bahnhof ist es still. Eine Frau mit einem großen Umschlagtuch sitzt auf einem Korb. Sie hat die Beine gespreizt und die Ellenbogen auf die Knie gestellt. Der Kopf liegt in den Händen. Hin und wieder öffnet sie verschlafen die Augen, um nach dem Zug zu sehen.

Ignat und Krassenkow haben sich neben mich gestellt und sehen zu der Frau herüber. Sie reden miteinander, grinsen und stoßen sich in die Seite.

Die andern lehnen am Zaun neben der Sperre und halten ihre Gesichter in die Sonne. Sie recken ihre Glieder, wie Hunde, wenn der Frühling kommt, muss ich denken. Ihre Schuhe spiegeln sich im Licht, und sie haben die eingefärbten deutschen Uniformen an, die der Spieß gestern ausgeben ließ. Es war das erste Mal, dass ich mit den Russen zum Appell antreten musste. Der Spieß war zufrieden. Ich soll nur aufpassen, dass keine Schweinereien vorkommen, die seien zu allem fähig, hat er gesagt.

Krassenkow und Ignat sind an die Frau herangegangen und unterhalten sich mit ihr. Die Frau ist mit einem Mal sehr munter. Sie schlägt sich ein paarmal auf die Schenkel. Dann lachen alle drei.

Ich fasse in die Brusttasche und fühle, ob das Geld noch da ist. Es sind fünfhundert Mark.

Sehen Sie zu, dass sich die Russkis nicht zu sehr verausgaben, hat der Alte gesagt, als er mir das Geld gab. Wir müssen ihnen doch zeigen, dass sie den deutschen Soldaten gleichgestellt sind. Divisionsbefehl. Nicht zu ändern. Und dann hatte er mir die Adresse des Hauses in Auschwitz gegeben. Auf einem Meldeformular.

Ich habe Wünsche gefragt, was da los ist, in dem Haus. Er hat erst auf den Alten geflucht und dann gemeint, ich soll die Russen abliefern und im Empfangssalon warten. Es sei eine sehr nette alte Dame dort. Mit der sollte ich Tee trinken, sie hätte sehr guten, und auf die anderen warten.

Er kannte das Haus bestimmt, das merkte ich genau. Aber

er sagte nichts mehr darüber. Und eine Quittung sollte ich mir geben lassen, der Alte wollte sie haben für die Abrechnung.

Ich sehe, dass die Frau aufgestanden ist. Sie geht mit Ignat hinter das Bahnhofsgebäude. Sie kichert und redet ununterbrochen. Kurz bevor sie hinter der Hausecke verschwinden, sehe ich, wie er eine Hand um ihre Hüfte legt. Mit der andern greift er ihr vorn in den Ausschnitt.

Krassenkow nimmt aus dem Korb, den die Frau auf dem Bahnsteig stehen gelassen hat, einen Apfel und setzt sich.

„Was macht er?", frage ich.

„Ach nur mal, du verstehen?", sagt Krassenkow und grinst.

Er beißt in den Apfel, dass ich es krachen höre. Er hat ein schönes Gebiss. Wie ein Raubtier.

„Ihr Mann Partisan. Du nicks saggen Oberleutnant. Is kaputt is nicht kaputt. Frau weiß nich. Gute Frau", sagt er.

„Der Zug kommt. Antreten", sage ich.

Die Wagen sind voll mit deutschen Landsern. Sie haben Pelzmützen auf und sehen aus den offenen Fenstern.

„Guck mal, Hiwis", sagt einer.

Ignat und die Frau kommen ganz zuletzt. Sie heben zusammen den Korb in ein Abteil und steigen ein. Ein Schild hängt an der Tür. Für Polen, steht darauf.

„Lass mal", sagt Krassenkow und legt mir die Hand auf die Schulter, „wenn Auschwitz, dann kommt wieder. Bestimmt."

Die kaputten Scheiben in den Fensterrahmen klirren, als der Zug langsam anfährt.

Krassenkow, der neben mir sitzt, dreht sich eine Zigarette. Der Machorkatabak, den er in das Zeitungstütchen schüttet, sieht aus wie Vogelfutter.

Die Anderen stehen auf dem Gang und sehen hinaus. Dann beginnt einer zu singen. Es ist der dicke Stari, das Lied von den Samuraikriegern. Ich kenne es und summe leise mit. Im Nachbarabteil wird die Tür aufgerissen. Ein Feldwebel tritt auf den Gang und reckt sich. Ich kann ihn durch die

Scheibe neben der Tür sehen.

„Ihr geht wohl in den Puff, dass ihr so lustig seid", brüllt er.

„Na, immer der Reihe nach. Erst in den Puff und dann krepiert. Das ist doch ne Reihenfolge. Es geht dann auch besser. Die Hiwis sind doch auch Menschen."

Dann lacht er und klopft Stari, der als Letzter noch nicht mit dem Singen aufgehört hat, auf die Schulter. Es klingt, als ob er nicht ganz überzeugt wäre von dem, was er sagt.

Man kann jetzt die ersten Schornsteine von Auschwitz sehen. Nur aus den Schloten des Werkes steigt Rauch. Der vom Lager ist ohne Rauchfahne.

Der Feldwebel steht jetzt vor unserer Tür. Er hat eine Flasche in der Hand, aus der er etwas in einen Feldflaschenbecher gießt. Er trinkt einen Schluck und öffnet dann die Tür.

Wir fahren jetzt am Lager vorbei. Die Posten auf den Türmen sehen zu unserem Zug herab und winken.

„Auf dass die noch möglichst lange was zum Vernaschen haben", sagt der Feldwebel und zeigt aus dem Fenster.

„Wenn die Anderen mal alle sind, dann kommen wir dran. Unangenehm wäre dies, sehr unangenehm. Prost!"

Er trinkt den Becher in langen, schmatzenden Zügen aus. Dann sieht er mich an.

„Tschuldigung, junger Freund", sagt er schwerfällig, „war ja nicht dienstlich gemeint, nicht?"

Als er sich zur Tür umdreht, sehe ich, dass eine Schachtel Zigaretten auf der Bank liegt.

„Sie haben ihre Zigaretten verloren, Herr Feldwebel", sage ich.

„Die habe ich dir geschenkt, Junge", sagt er.

Seine Stimme schlägt in Falsett um.

„Is ja nich dienstlich, darf man doch, nich?"

„Die gnädige Frau ist im Salon", sagt das junge Mädchen, das die Tür öffnet. Es hat eine kleine Schürze umgebunden und ein Häubchen auf dem Kopf. Ich gehe hinter ihr her.

Ignat und Krassenkow stehen mit den anderen auf dem großen Fußabkratzer und treten sich die Füße ab. Sie scheinen gar nicht aufhören zu wollen. Ignat geht von einem zum anderen und guckt ihnen unter die Stiefelsohlen.

„Los kommt", sage ich, „dawai."

Wir gehen durch einen langen Flur, der mit Teppichen ausgelegt ist. Ignat und die anderen haben die Mützen in der Hand und gehen hintereinander auf dem schmalen Rand an der Seite, wo die Dielen nicht vom Teppich bedeckt sind.

„Hier herein", sagt das Mädchen zu mir und öffnet eine Tür.

In einem Ledersessel sitzt eine alte Dame mit einem kleinen Hund auf dem Schoß. Sie schaut auf, als ich eintrete.

„Ich habe Sie erwartet", sagt sie.

„Herr Wünsche hat Sie angemeldet. Ich freue mich, Sie in diesem Hause begrüßen zu dürfen."

Sie reicht mir die Hand. Der Hund öffnet ein Auge ein wenig und sieht mich an.

„Unteroffizier Wünsche hat gesagt, ich soll bei Ihnen Tee trinken", sage ich.

„Ja", sagt sie, „der Herr Wünsche. Er kommt öfter her – zum Tee trinken."

Die letzten Worte dehnt sie etwas.

„Ich bin mit dreiundzwanzig Russen hier. Soll ich …?"

„Lassen Sie", sagt die alte Dame, „die sind bereits gut versorgt."

Sie hat ein schwarzes Kleid an mit einem Spitzenkragen. Um den Hals an einer Schnur hängt eine Lorgnette, die sie in die Hand nimmt, um mich zu betrachten. Die Steine in den Ringen an ihrer Hand werfen kleine Blitze in der Sonne, die durch das Fenster hereinfällt. Jetzt hat sie ihre Musterung beendet und nimmt die Gläser von den Augen.

„Hübsch", sagt sie, „aber noch sehr jung." Sie lächelt etwas.

„Nun wollen wir uns erst einmal vorstellen. Wie Sie heißen, weiß ich schon, das hat mir der Herr Wünsche am Telefon gesagt. Aber Sie müssen wissen, wer ich bin. Ich heiße von Erdödy."

Sie neigt den Kopf etwas, während sie das sagt.

Ich strecke ihr die Hand hin. „Angenehm", sage ich.

„Das freut mich", sagt sie und lächelt wieder.

„Aber nun wollen wir uns setzen, Tee trinken und etwas plaudern."

Ich setze mich in einen Sessel ihr gegenüber. Der kleine Hund ist auf die Erde gesprungen und geht langsam zum Fenster, wo auf einem kleinen Tischchen eine gläserne Bonbonniere steht. Er springt hinauf und kratzt sich mit dem Hinterbein am Ohr. Dann öffnet er mit der Pfote die Dose und holt sich ein Stück Konfekt heraus, das er laut schmatzend zerkaut.

„Hat Ihnen der Herr Wünsche nichts weiter gesagt?", fragt die alte Dame. Sie sieht mich dabei so eigentümlich musternd an.

„Nein", sage ich.

„Nun, dann wollen wir wirklich Tee trinken", sagt sie.

Sie öffnet einen Hahn an einem kupfernen Behälter, unter dem eine Spiritusflamme brennt, und hält eine Tasse darunter.

„Das ist ein Samowar", sagt sie, „ein altes Erbstück unserer Familie. Gefällt er Ihnen?"

„Ja", sage ich und sehe mich im Zimmer um, „es gefällt mir hier überhaupt. Gemütlich ist es."

Ich hole die Schachtel mit den Zigaretten, die mir der Feldwebel geschenkt hat, aus der Tasche. Sulina Rekord steht darauf.

„Wollen Sie eine?", frage ich und reiße die Schachtel auf.

„Warten Sie", sagt die alte Dame und öffnet ein Kästchen, das auf dem Tisch steht, „wir wollen erst eine von mir rauchen."

Ich lehne in meinem Sessel und betrachte sie, wie sie den Rauch ihrer Zigarette mit einem Gesichtsausdruck nachblickt, als ob sie über alles Bescheid wüsste.

„Sie kann man bestimmt alles fragen", sage ich.

„Wieso", sagt sie, „möchten Sie etwas wissen?"

„Ach, ich sagte das nur so. Ich habe mir ihr Gesicht angesehen."

„Amüsant", sagt die alte Dame.

„Wirklich", sage ich, „es ist bestimmt so."

„Sie sind ein netter Gesellschafter", sagt sie. „Deswegen bekommen Sie auch noch eine Tasse Tee. Eine zweite Tasse gebe ich nur meinen besseren Freunden."

Die Tür geht auf und ein junges Mädchen kommt herein. Sie hat einen bunten, seidenen Morgenrock an, der oben auseinander klafft. Ich kann sehen, dass sie kein Hemd anhat. An den Füßen trägt sie kleine Pantoffeln, die mit Pelz besetzt sind. Sie hat ein schönes Gesicht und einen geschminkten Mund.

„Ich habe gehört, dass Besuch da ist", sagt sie. „Ich stör' doch nicht? Wie geht's? Mir geht's gut, immer!"

Ihre Stimme klingt ein bisschen herausfordernd.

Dann setzt sie sich auf meinen Schoß, „weil doch kein Sessel mehr da ist", sagt sie und schlägt die Beine übereinander. Der Morgenrock rutscht etwas zur Seite und ich kann ihre Oberschenkel sehen.

„Ich heiße Käte. Gefall ich dir?", sagt sie.

Sie schleudert die Pantoffeln von den Füßen und lehnt sich an mich.

Ich setze mich im Sessel zurecht, denn das Mädchen ist schwer und ihr Gewicht beginnt, mir auf den Knien zu drücken.

„Käte, mach', dass du rauskommst", sagt die alte Dame scharf. „Der Herr ist kein Kunde."

Ihre Stimme hat einen anderen Tonfall, der mir unangenehm ist. Das Mädchen springt auf und schließt den

Morgenrock mit einer hastigen Bewegung. Ich kann sehen, dass sie etwas rot wird.

„Verzeihung", sagt sie kurz und geht schnell aus dem Zimmer.

„Warum haben Sie das Mädchen weggeschickt? Sie war doch recht nett", sage ich.

„So?", sagt die alte Dame. „Das ist sie zu allen Kunden."

„Aber Sie sagten doch, ich sei keiner?"

„Eben, deswegen ging sie."

„Das versteh' ich nicht", sage ich.

„Das ist auch nicht nötig", sagt die alte Dame.

„Der Herr Unteroffizier hat Tee trinken befohlen. Reichen sie also ihre Tasse herüber. Eine dritte gebe ich nur meinen guten Freunden. Und sie können mir eine Zigarette geben."

Als ich ihr Feuer gebe, bläst sie mir lächelnd den Rauch ins Gesicht.

„Sie sind eine reizende Unterhaltung für ein so altes Schrapnell, wie ich es bin. Das soll ein Kompliment sein, wenn Sie wissen, was das ist."

„Ein Schrapnell ist eine mit Bleikugeln gefüllte Granate, die in geringer Höhe über dem Feind zur Detonation gebracht wird", sage ich. „Wir können das auch mit Flakgranaten machen. Hochgezogenen Sprengpunkt nennt man das."

„Sie wollen doch nicht behaupten, ich sei mit Bleikugeln gefüllt. Wie geschmacklos, mein Lieber", sagt die alte Dame.

„Nein", sage ich, „Sie sind doch kein Schrapnell. Das sieht ganz anders aus."

„Sie schmeicheln mir", sagt sie, „aber ich weiß, dass Sie es so meinen und das ist nett."

Ich stehe auf und gehe zum Fenster. Der Hund sitzt auf dem Tischchen und guckt in die leere Bonbonniere.

„Ich muss jeden Tag ein halbes Pfund Pralinees kaufen", sagt die alte Dame, „sonst lässt er mir keine Ruhe. Und sie sind so schwer zu bekommen jetzt. Aus Frankreich kommt ja nichts mehr."

Ich höre plötzlich Krassenkows Stimme. Es scheint von nebenan zu kommen. Eine Frauenstimme ist auch dabei. Sie lacht. Dazwischen schreit sie ein paarmal laut.

„Was machen die anderen?", frage ich.

„Die anderen trinken auch Tee", sagt die alte Dame, „aber in netterer Gesellschaft, als Sie sie haben."

„Das glaube ich nicht", sage ich, „wenn Sie solche Mädchen meinen, wie die von vorhin, dann finde ich Sie doch netter."

„Sie frappieren mich durch ihre Offenheit", sagt sie, „aber", sie nimmt ein Blatt Papier vom Tisch und gibt es mir, „nach Erledigung dieser Kleinigkeit muss ich Sie jetzt in Gnaden entlassen. Die Geschäfte, Sie verstehen. Es ist sehr unbequem, wenn man in meinen Jahren noch so um sein täglich Brot arbeiten muss."

Ich nehme das Papier und lese es.

„Für Abfertigung von dreiundzwanzig Russen 460 Mark erhalten zu haben bescheinigt ..." steht dort.

„Und für mich brauche ich nichts zu bezahlen?", frage ich.

„Nein", sagt die alte Dame lächelnd, „für das Vergnügen Ihrer Unterhaltung bin ich Ihnen verpflichtet."

Ich hole die fünf Hundertmarkscheine aus der Tasche und gebe sie ihr. Sie geht an den kleinen Schreibsekretär, der neben der Tür steht und nimmt Wechselgeld aus einer Kassette.

„Wenn Sie wieder einmal mit mir Tee trinken wollen", sagt sie und reicht mir die Hand, „die kleine Flamme dort unter dem Samowar ist immer für Sie angezündet."

Als ich aus der Tür trete, die das Mädchen mit dem Häubchen hinter mir schließt, stehen die anderen schon dort. Sie haben fröhliche Gesichter, lachen und stoßen sich in die Seite.

Krassenkow tritt auf mich zu. „War's schön?", fragt er.

„Ja", sage ich, „ich habe mich gut unterhalten."

„Vierundzwanzig zehn", sagt die Stimme in meinem Kopfhörer. „Vierundzwanzig zehn. Achtung Gruppenfeuer!"

Es ist Scheuermann. Seine Stimme ist heiser. Er muss brüllen, damit er zu verstehen ist.

Die Einschläge liegen so nahe, dass der Dreck hin und wieder in den Geschützwall fliegt. Sie berühren schon den Rand der Stellung.

„Bei Hesse hat's reingehauen", sagt Wünsche, „sie räumen das Geschütz."

Er steht auf der Ladebühne und beobachtet das Feuer. Die gebogene Pfeife hat er im Mund. Ich sitze auf meinem Platz am Geschütz und warte auf Scheuermanns Stimme, der durch das Telefon Richtwerte und Befehle für die Geschütze, die noch schießen, durchgibt. Aber es bleibt stumm im Hörer.

Der Lärm der Einschläge wird stärker. Dazwischen ist Maschinengewehrfeuer zu hören. Es muss vom Dorf her kommen.

„Sie werden am Dorfrand liegen, zwischen den Bäumen", sage ich zu Wünsche.

Er nimmt die Pfeife aus dem Mund und sieht mich an.

„Lass mich überlegen", sagt er, „Du wohnst in Berlin-Spandau. Baum in Eilenburg und Beckmann in Stolpmünde. Gut."

Er nickt mit dem Kopf.

„Kuck nich so dusselig und horch die Werte ab."

Jetzt höre ich wieder Scheuermanns Stimme. Sie ist leiser geworden. Er verschluckt sich beim Sprechen.

„Vierundzwanzig zwanzig. Arlt ist tot, Kopfschuss. Vierundzwanzig zwanzig. Arlt ist tot, Kopfschuss. Achtung Gruppenfeuer, Gruppe", sagt er.

Ich höre ein Jaulen und werfe mich hin.

Wünsche ist neben mich gesprungen. Die Pfeife hat er zwischen den Zähnen.

Ich höre den Einschlag in dem Augenblick, wo die Erdbrocken zu uns hineinfliegen. Dann kommen Holzstücke und Metallteile. Ein Stahlhelm segelt hinterher. Er dreht sich noch eine Weile um sich selbst, ehe er mit der Öffnung nach oben zur Ruhe kommt.

„Verdammig", sagt Wünsche. Er hat den Helm in der Hand und liest den Namen, der auf den Rand gemalt ist. Es ist der Helm von Cesarz. Ich sehe, dass der Kinnriemen abgerissen ist. In den Ösen hängen kleine Lederfetzen.

Baum und Beckmann haben ihre Gewehre aus dem Unterstand geholt und laden Patronen ins Magazin. Sie holen die losen Patronen aus der Hosentasche und schütteln sie in der Hand bis sie richtig liegen. Als sie fertig sind, behalten sie die Gewehre im Arm.

„Nehmt Eure Kohlrüben tiefer, die haben Zielfernrohre", sagt Wünsche.

„Und Sie wohnen in Straßengräben bei Kamenz, Herr Unteroffizier", sage ich.

„Jawohl", sagt Wünsche, „und in der Nähe sind lauter Steinbrüche."

„Sie kommen", sagt Beckmann, der auf den Holztritt gestiegen ist und über den Wall guckt.

„Kalkstein", sagt Wünsche, „wird Zement draus gemacht. Drei Zementfabriken gibt's bei uns."

Er nimmt die Maschinenpistole von der Schulter und stellt sich neben Beckmann.

Ich stehe auf und lade mein Gewehr durch.

„Du hockst Dich schön wieder hin und behältst die Rübe unten", sagt Wünsche. Er ist wütend.

„Wir sind hier nich auf'm Rummel, wo jeder in die Gegend knallt."

Ich setzte mich auf den Boden und lege das Gewehr neben mich.

Wünsche sieht jetzt angestrengt über den Wall. Seine Augen werden plötzlich schmal und er stellt einen Fuß zurück, als er die Maschinenpistole ansetzt.

Die ausgeworfenen Hülsen fallen vor mir in den Schnee.

Es entstehen schwarze Flecken, die dort wo sie liegen, langsam größer werden. Ich hebe ein paar auf und nehme sie in die Hand. Sie sind heiß. Man merkt es durch den Handschuh. In meine Finger kommt langsam wieder Gefühl. Ich stecke die Hände mit den Hülsen in die Manteltaschen.

„Vier Treffer", sagt Wünsche zu Beckmann, „und du?"

„Zwei", sagt Beckmann.

Baum steht auf der anderen Seite. Er hat nicht geschossen. „Null", sagt er.

„Weg sind se", sagt Wünsche, „kleine Pinkelpause."

Er stopft sich eine neue Pfeife und legt die Maschinenpistole auf die Ladebühne.

Als ich auf den Holztritt steige, sehe ich, dass Henkes Geschütz umgefallen ist. Der Wall ist auseinandergedrückt. Weder Cesarz noch Ede kann ich sehen. Es ist ganz ruhig drüben und es redet auch keiner.

„Hier Anton. Jawoll. Verschluss im Eimer. Sechs, mit Handfeuerwaffen."

Wünsche hat das Kehlkopfmikrofon um den Hals und den Hörer umgeschnallt. Jedes Mal, wenn er schluckt, rutscht das Mikrofon ein Stück herauf und wieder herunter. Er sagt jetzt nichts mehr und horcht angestrengt. Baum sieht ihn an.

„Der Alte", sagt Wünsche und deutet auf den Hörer.

Das Maschinengewehrfeuer hat aufgehört. Nur noch einzelne Einschläge sind zu hören. Sie liegen zu kurz. Vorn in den Feldern zum Dorf zu, etwa fünfhundert Meter weg, sieht man kleine Fontänen aus Schmutz und Schnee in die Luft stieben.

„Wir hauen ab", sagt Wünsche und setzt die Sprechgarnitur ab.

„Die andern bleiben hier. Is nur ne Zugmaschine da."

Er wendet sich zu mir.

„Du gehst in den Unterstand. Kannst noch ne Stunde ummachen, bis wir die Spritze fertig haben. Nachher geht's rund und denn kippste mir vielleicht aus den Latschen."

Ich gehe die zwei Stufen hinunter und lege mich auf die Bank. Von draußen höre ich Beckmanns Stimme.

„Verdammt nochmal", sagt er, „das war aber höchste Zeit."

Ich merke plötzlich, dass Wünsche neben mir steht. Er zieht seinen Mantel aus und deckt ihn mir über. Mir ist warm und ich merke, dass das Schießen immer leiser wird.

Der Neue ist rotblond. Er raucht eine Zigarette und ich sehe, dass er viele rote Haare auf dem Handrücken hat und blaue Adern, die hervortreten.

„Von Lucke heiße ich", sagt er.

Er beugt den Oberkörper dabei einmal kurz aus der Beckengegend heraus.

„Ich soll bei euch mitfahren. Bei uns am Geschütz sind alle gefallen. Habe drei abgeknallt, als sie kamen. Bis auf dreißig Meter hab ich sie rangelassen. Die Hunde."

Ich habe davon gehört. Es sollen fünfzehn Jungens gefallen sein in der Nachbarbatterie. Es sind alles Schüler von einer Napola in Jena.

Er schnippt die Asche von seiner Zigarette und steckt sie in eine Metallspitze.

„Du bist von der Batterie nebenan. Ich hab dich schon mal gesehen", sage ich.

Dann nehme ich Wünsches Mantel über den Arm und steige aus dem Unterstand.

Das Geschütz hängt in den Fahrgestellen, und die Sand-kästen am Eingang sind beiseite geräumt. Ich sehe, dass die Zugmaschine bereits vorgespannt ist.

„Na, ausgebabert", sagt Wünsche und zieht sich den Mantel an.

„Herr Von, Sie sind wohl so liebenswürdig, sich neben den Fahrer zu setzen. Ich steige mit den anderen hinten herauf."

Auf einem Eisenrohr, das fest mit dem Boden verschweißt ist, ist ein Maschinengewehr aufmontiert. Ein Patronengurt, der im Schloss eingespannt ist, hängt an ihm herunter.

Wünsche wirft seinen Rucksack in eine Ecke und sieht sich das Maschinengewehr an. Dann gibt er ihm einen Schwung, dass es sich einmal herumdreht.

„Los", sagt er nach vorn.

Der Fahrer schaltet den ersten Gang und zieht das Geschütz vorsichtig aus dem Wall heraus durch die Ausfahrt, wo vorher die Sandkästen gestanden haben.

Es dämmert jetzt schon stark, und das MG-Feuer ist wieder zu hören. In der Batterie hinter uns schlägt es ein paarmal ein. Ein einzelnes MG muss ganz in der Nähe stehen. Man hört es deutlich.

Irgendetwas rasselt gegen die Eisenplatten des Fahrzeugs. Wie Hagelschlag auf ein dünnes Dach hört es sich an. Wünsche legt sich schnell neben uns. Er atmet einmal tief.

„Die ist hin", sagt er und hakt die Feldflasche vom Koppel. Ein starker Geruch nach Alkohol macht sich bemerkbar. Ich sehe, dass es durch zwei runde Löcher aus der Flasche rinnt.

„Schade", sagt Wünsche, „War guter Kognak."

„Macht nichts", knurrt Baum, „meine is noch voll."

Wir fahren jetzt schneller. Die Chausseebäume haben den gleichen weißen Überzug. Nach dem Zehnten wird es einem langweilig, sie anzusehen.

„Wo fahren wir hin, Herr Unteroffizier?", frage ich.

„Dorthin, wo es bald losgeht", sagt Wünsche. „Das ist immer so."

Ich schrecke hoch, weil ich merke, dass wir halten. Der Fahrer kommt nach hinten.

„Guck dir mal deinen Mann vorn bei mir an", sagt er zu

Wünsche.

„Der von Lucke hat vorhin drei abgeknallt. Bis auf dreißig Meter hat er sie rankommen lassen", sage ich.

„So", sagt Wünsche. Er springt herunter und geht mit dem Fahrer nach vorn. Ich gehe hinterher.

„Fine", sagt der Fahrer.

„Du warst wohl auch in Frankreich", sagt Wünsche und macht die Tür des Fahrerhauses auf.

Von Lucke lehnt in der Ecke. Die Zigarettenspitze hält er noch in der Hand.

Wünsche knippst seine Taschenlampe an und nimmt ihm die Brieftasche aus der Jacke. Ein Bild liegt gleich vorn darin. Ein Mann in Uniform ist darauf. Die linke Seite seines Rockes ist mit vielen Orden besteckt. Auf der Rückseite ist ein Stempel. „General von Lucke, Kommandeur der 6. Infanteriedivision" lautet er.

„Ich werds ihm schreiben, dem General", sagt Wünsche zu mir.

„Das mit den drei auf dreißig Meter, meine ich. Die kann er sich dann ins Knopfloch stecken."

––––––––––––

Es ist kein Mensch zu sehen, als wir durch das offene Tor ins Lager gehen. Bei jedem Schritt knirscht der Schnee wie Stärkemehl.

Das Geschrei vieler Krähen ist zu hören. Ich sehe, dass die Vögel in einem Haufen vor dem Holzschuppen sitzen. Sie scheinen zu fressen. Irgendjemand muss ihnen Futter gestreut haben. Hin und wieder fliegen ein paar auf, quarren laut und lassen sich nach einem kurzen Rundflug wieder auf derselben Stelle nieder.

„Die leben einen guten Tag", sagt Wünsche „Die Küchenbullen werden alles ausgekippt haben, was sie nich mitnehmen konnten."

Die SS-Baracken, an denen wir vorübergehen, haben alle offene Türen.

„Hatten die die Hose voll", sagt Baum. „Die Hälfte ham se liegengelassen."

Ausrüstungsstücke und Uniformteile liegen in den Zimmern und auf der Straße.

Auf dem Appellplatz sieht man die Abdrücke vieler Füße. Es sind Abdrücke, an denen sich kein Hacken abzeichnet. Holzschuhe. Sie bilden ein großes Karree. Auf der Lagerstraße, die den Platz berührt, haben die Füße einen Weg getreten, der zum Lagertor führt. In der Mitte des Vierecks ist ein kleiner Platz, wo der Schnee festgetrampelt ist. Einzelne Stiefelspuren zeichnen sich ab.

Wünsche bleibt stehen und sieht einmal rundum; langsam nach allen vier Seiten, wo die Spuren noch ausgerichtet zu verharren scheinen.

Der Schnee, der in kleinen Flocken jetzt wieder zu fallen begonnen hat, glättet langsam alle Ränder und füllt die Vertiefungen aus. Es sind jetzt nur noch unsere

Fußstapfen, die hinter uns herlaufen, als wir über den Platz zum Verpflegungslager gehen.

Die Tür steht offen. Man hört das Klappern vom Geschirr. Wünsche macht ein erstauntes Gesicht und nimmt die Maschinenpistole in die Hand.

In dem Ausgaberaum sitzen vier Männer in gestreiften Häftlingsjacken und essen. Sie haben Konservenbüchsen vor sich, in denen sie mit ihren Löffeln herumfahren. Sie essen hastig.

„Mahlzeit", sagt Wünsche, während wir eintreten.

Die vier Männer hören ruckartig mit dem Essen auf.

Wir stehen an der Tür und sehen zu ihnen herüber. Ich muss an eine Gruppe denken, die ich mit meinen Eltern einmal in einem Wachsfigurenkabinett gesehen habe. „Aushebung eines nichtkonzessionierten Nachtklubs" hieß sie.

Ihre Gesichter haben denselben Ausdruck und ihre Hände, die die Löffel halten, sind in der Luft stehengeblieben.

Die gestreiften Jacken mit den Flicken allein stören den Vergleich, denn die Puppen jener Rummelbude trugen Abendanzüge und hatten wohl auch frischere Gesichter.

Einer, er sitzt, das Gesicht uns zugewendet auf einem Schemel, muss plötzlich brechen. Immer wieder krümmt er sich und würgt. Schweiß bildet sich auf seiner Stirn, und er lässt die Augen nicht von uns, während die unverdaute Nahrung stoßweise aus dem Mund läuft.

„Man soll auf nüchternen Magen nicht so fett essen", sagt Baum und geht auf den Tisch zu, an dem die Männer sitzen.

Er sieht in die geöffneten Konservenbüchsen, die auf dem Tisch stehen.

„Schweinefleisch" sagt er zu uns und nickt mit dem Kopf.

Der Älteste der Vier steht auf und geht auf Wünsche zu. Er ist weißhaarig. Den Kopf hat er gesenkt und die Hände gefaltet. Unbeweglich steht er vor ihm.

Wünsche nimmt die Mütze ab. Dann kratzt er sich hinten am Hals.

„Wollen Sie ne Zigarette", sagt er unsicher und holt die Schachtel aus der Tasche.

Der Mann sieht ihm ins Gesicht. Er hat große braune Augen mit Fältchen in den Winkeln, wie sie Großväter haben, die Märchen erzählen können.

„Danke", sagt er, „danke."

Dann greift er nach der Schachtel und zieht eine Zigarette heraus. Ich streiche ein Zündholz an. Er neigt leicht den Kopf, nimmt es mir aus der Hand und hält es an die Zigarette.

„Was ist nu mit Schweinefleisch", sagt Baum.

Als er keine Antwort bekommt, geht er durch eine Tür in den Küchenraum. Man hört ihn dort rumoren.

„Die Räumung musste sehr schnell gehen", sagt der alte Mann, der sich wieder auf seinen Platz gesetzt hat.

„Wir haben uns in der Toilette versteckt. Man hat nicht nachgesehen."

„Viele wurden erschossen, weil sie nicht laufen konnten. Heute morgen sind die Letzten fort. Nicht einmal das Verpflegungslager haben sie ausgeräumt."

Wünsche geht, während der Mann redet, zum Tisch und gibt den anderen drei Zigaretten.

„Wir brauchen Verpflegung", sagt er.

Der Mann zeigt mit der Hand auf die Tür, hinter der Baum verschwunden ist.

„Es ist genug da", sagt er und lächelt etwas.

„Ihr Kollege bedient sich ja schon. Wir können nicht viel essen und brauchen bald sowieso nichts mehr."

Er deutet durch das Fenster, wo man in der Ferne die Einschläge der russischen Artillerie hört.

„Sie werden bald hier sein."

Der Mann, der sich erbrach, als wir hereinkamen, sieht ihn an.

„Wenn wir daheim sind, werden Sie bei uns essen, Herr Professor", sagt er.

„Fleck, wissen Sie. Süßsauer gekocht. Meine Frau kann das gut. Sie sind immer alle gekommen und haben Fleck gegessen. Es war ein Leben bei uns und sauber, wirklich sehr sauber, das muss ich sagen."

Der alte Mann geht auf ihn zu und legt ihm die Hand auf die Schulter.

„Wir werden dann einen Kognak haben, Paul", sagt er, „zum Nachtrinken. Und sie werden sehen, dass Ihnen nicht schlecht wird".

Baum hat schon eine Kiste mit Lebensmitteln vollgepackt. Er zieht sie hinter sich her über die Türschwelle. Beckmann greift mit zu, und sie tragen sie zusammen nach draußen. Durch die Tür, die offen geblieben ist, kann ich sehen, wie sie über den Platz zum Lagertor gehen.

„Danke", sagt Wünsche und legt zwei Finger an den Mützenrand. Und gehen sie wieder ins Klo und bleiben Sie dort. Es kommen noch welche – von uns."

Ich mache die Tür sorgfältig hinter uns zu.

Wir gehen auf die Stelle vor dem Schuppen zu, wo die Krähen immer noch dicht zusammengedrängt hocken und mit ihren Schnäbeln auf etwas herumhacken, das wir nicht sehen können. Sie werden unruhig, als wir näherkommen. Einzelne fliegen auf. Sie quarren wütend und fliegen um unsere Köpfe.

Wünsche, der vor mir geht, bleibt plötzlich stehen und dreht sich um.

Ich sehe, dass hinter ihm eine tiefe Grube ist. Viermal vier Meter etwa. Der frischaufgeworfene Sand liegt an ihren Rändern.

„Wir gehen zum Fahrzeug", sagt er und schiebt mich vor sich her.

Ich bemühe mich, in unsere Fußstapfen zu treten, denn wir gehen denselben Weg zurück. Wünsche reibt sich mit dem Pelzhandschuh über das Gesicht und atmet ein paarmal tief. Dann zündet er sich eine neue Zigarette an. Erst das vierte Streichholz gibt Feuer. Drei sind ihm abgebrochen.

Ich drehe mich um und sehe ihn an. Er wendet sich zur Seite, als er es merkt.

„Quatsch nicht", sagt er und schluckt.

„Helft mal die Kiste mit raufheben", sagt Beckmann, als wir aus dem Tor treten.

„Schnell! Gleich rumst es hier ganz schön."

Der Fahrer stellt den Motor an, um ihn warmlaufen zu lassen, während wir die Kiste hinten heraufheben.

„Hinlegen", sagt Wünsche.

Ich höre das Jaulen und werfe mich in den Straßengraben. Es wird immer höher und der Einschlag lässt länger auf sich warten, als ich es aushalten kann.

Ich will aufspringen. Beckmann hält mich fest. Wünsche fasst mich am Arm. Er zeigt auf das Verpflegungslager. Man kann es gut sehen. Eine Rauchwolke steht darüber und die Barackenwände sind nach außen gekippt. Andere Einschläge haben schwarze Löcher auf dem Appellplatz gemacht. Kleine Rauchwolken wie Menschenatem steigen aus ihnen auf.

„Das schöne Schweinefleisch", sagt Baum und klopft sich den Schnee vom Mantel.

„Los abfahren", schreit Wünsche und rennt auf die Zugmaschine zu.

Ich steige als Letzter auf.

Wünsche sitzt in der Ecke und hat eine Decke über den Kopf gezogen.

Er will wohl schlafen, denke ich. Aber ich merke, dass ich mich irre. Seine Schultern machen ruckartige Bewegungen unter der Decke, die langsam nachlassen, während wir fahren.

„Meine Frau kocht auch öfter Fleck", sagt Beckmann. „Aber süßsauer", er zuckt mit den Schultern, „das haben wir noch nie gegessen."

Der letzte Ton der Sirene, die ganz in der Nähe stehen muss, ist im Regen ertrunken. Ich höre das Geräusch vieler ins Schloss gesteckter Schlüssel, während ich an den Hauseingängen vorbeigehe. In den Zimmern wird Licht eingeschaltet. Man sieht es an den Rändern der Verdunklungen hindurch schimmern.

Am Ende der Straße, wo die Straßenbahn nach Siemensstadt abbiegt, ist es hell. Als ich näherkomme, sehe ich, dass es das Haus mit der Kneipe ist.

Ein paar Männer tragen Tote aus dem eingestürzten Keller heraus und legen sie nebeneinander auf den Bürgersteig. Das sieht unordentlich aus, weil die Leichen verschieden groß sind. Ein Mann mit einer Armbinde deckt eine Hakenkreuzfahne über ihre Körper. Die Köpfe lässt er unbedeckt. Sie sehen jetzt alle gleich aus.

Wie in einem Familienbett, denke ich.

An der Wand des Nachbarhauses steht eine alte Frau. Sie sucht wohl etwas. Immer wieder steckt sie ihre Hände in die Taschen ihres Mantels.

„Ich habe mein Portemonnaie verloren, als es vorhin so gedonnert hat", sagt sie.

„Alle Lebensmittelkarten sind weg. Was soll ich denn morgen kochen?"

Ihr Umschlagtuch ist zerrissen. Durch die Löcher sieht man die Haarwickel auf ihrem Kopf.

„Is die Einzige, die wir lebend rausgekriegt haben", sagt der Mann mit der Armbinde.

„Bisschen durcheinander. Hat wohl n Balken aufn Kopp gekriegt. Aber det gibt sich wieder."

Dann geht er. Ich sehe, dass er vor einem anderen Mann in Uniform stramm steht und ihm etwas sagt. Dann heben beide den rechten Arm und schütteln sich anschließend die Hände. Es sieht aus, als wenn sie sich zu irgendetwas Glück wünschen. Dann geht der Uniformierte weg.

Das Feuer in den herabgestürzten Dachbalken ist vom

Regen ausgelöscht. Die Tropfen bilden kleine Perlen auf den schmutzigen Gesichtern der Toten, werden länger und hinterlassen helle Spuren, wenn sie zu Boden rinnen.

Achtzehn sind es. Ihre Köpfe liegen in einer Pfütze, die langsam größer wird.

Die Männer haben in dem Keller ein paar Flaschen gefunden. Sie schlagen die Hälse an der Hausmauer kaputt und schütten den Inhalt in einen Blechtopf, den sie reihum gehen lassen.

„Kognak", sagt der Mann mit der Armbinde, „willst Du auch mal?"

Ich schüttele den Kopf.

„Dem ist der Appetit vergangen", sagt einer und wendet den Kopf zu den Körpern unter dem Fahnentuch.

„Ne nette Gruppenaufnahme, was?"

Ich muss daran denken, dass ich nach den Großeltern sehen wollte. Sie haben keinen guten Keller in ihrem Haus, und ich habe es während des Angriffs in ihrer Richtung ein paarmal einschlagen sehen.

„Wiedersehen", sage ich.

Der mit der Armbinde hebt den Arm und schlägt die Hacken zusammen. Den Blechtopf hält er dabei an den Leib gepresst.

„Immer zackig", sagt er.

Auf der Straße nach Siemensstadt sind keine Menschen. Ich gehe auf den Schwellen des Straßenbahngleises und versuche, nicht in die Zwischenräume zu treten.

Jedes Mal, wenn ich die aufgeweichten Grasbüschel unter meinen Füßen spüre, bekomme ich ein unangenehmes Gefühl im Magen. Ich muss dann ein paar Worte laut reden, davon geht es weg.

Durch den Regenvorhang sind jetzt die Bogen der Havelbrücke zu sehen. Die Eisenkonstruktion glänzt wie lackiert, als ich unter ihr hindurchgehe.

Ich sehe den Mann erst, als ich auf gleicher Höhe des Pfeilers bin, hinter dem er steht. Er tritt auf mich zu.

„Papiere, bitte", sagt er. Die rechte Hand hat er in der Tasche seines Regenmantels, dessen Kragen hochgeschlagen ist.

Ich greife in die Manteltasche und schiebe den Sicherungshebel zurück.

Der Mann schüttelt den Kopf „Lass stecken, ich bin schneller", sagt er.

Er hat eine Baskenmütze auf und buschige Augenbrauen, die jetzt durch die Nässe etwas über die Lider hängen.

„Dreckigen Hintern?", fragt er.

Ich nicke.

„Na denn komm mal mit", sagt er.

Wir gehen zur Treppe, die unter die Brücke führt. Er bleibt immer an meiner Seite, während wir die Stufen hinabsteigen.

Auf dem Platz unter der Brücke sind noch drei Männer. Sie sitzen auf verschnürten Papierballen und unterbrechen ihre leise Unterhaltung, als sie uns kommen sehen. Sie haben Konservenbüchsen neben sich stehen, mit Pinseln darin.

„Damit keine Unkorrektheiten auftreten", sagt der Mann und streckt die Hand aus.

Ich ziehe die Pistole aus der Tasche und gebe sie ihm.

Einer der drei Männer stößt einen leisen Pfiff aus und lacht.

„Ruhe", sagt der Mann zu ihm. Dann sieht er mich an. Die Pistole hat er in der Hand.

„Also, nu spuck mal aus", sagt er.

Während ich rede, stecken sich die drei Männer hinter ihren Mänteln Zigaretten an. Ich sehe, dass sie alle noch sehr jung sind. Nicht älter als achtzehn, schätze ich. Sie bedecken die Glut mit der Hand. Hin und wieder führt einer das Zigarettenende an den Mund. Dann sieht man die schattenhaften Umrisse der Finger.

Der Mann mit dem Regenmantel, der älter sein muss,

steht regungslos. Er hat den Kopf gesenkt und spielt mit dem Zeigefinger am Sicherungsflügel.

„So ist das also", sagt er, als ich fertig bin, „ausgekniffen. Aus Überzeugung oder aus Schiss?"

„Weiß nicht", sage ich.

Er hebt plötzlich den Kopf und sieht mich an.

„Hier hast du deinen Lautsprecher", sagt er, „hau ab."

Er gibt mir die Pistole und wendet sich zu den anderen.

Ich behalte sie in der Hand.

„Und was macht ihr", frage ich.

Die Männer reden jetzt leise auf ihn ein. Einer macht eine Handbewegung zu mir hin.

„Nein, der nicht" sagt der mit dem Regenmantel ziemlich deutlich und dreht sich zu mir um.

Ich sehe plötzlich irgendetwas wie Interesse in seinem Gesicht.

„Wenn Du willst, kannst Du mich mal besuchen", sagt er freundlich.

„Ich wohne Wilhelmstraße zwölf rechts."

„Vielleicht", sage ich.

Dann hält er mir die Hand hin.

Während ich die Treppe heraufsteige, sehe ich, dass alle Vier große Zettel aus den Papierballen herausziehen und mit irgendetwas an den Brückenfundamenten befestigen. Sie haben es scheinbar sehr eilig. Auf der Brücke ist kein Mensch. Der Regen hat nachgelassen. In der Richtung auf Siemensstadt ist ein roter Schimmer am Horizont, der heller zu werden beginnt als ich die ersten Häuser erreiche.

———————

„Ja, ja, so ist das liebe Leben", sagt der Großvater. Er hockt vor dem Fenster im Wohnzimmer und fegt Kalkbrocken mit dem Handfeger zusammen. Lauter kleine Haufen hat er zusammengekehrt. Sie haben fast genau einen Meter Abstand voneinander.

Ich höre die Großmutter in der Küche rumoren. Sie kocht mir eine Haferflockensuppe. Immer, wenn sie sich freut, muss sie etwas kochen.

Ich habe die Großeltern fast zwei Jahre nicht mehr gesehen.

„Fritz hat sich auch lange nicht mehr gemeldet", sagt der Großvater und kehrt die Haufen auf die Müllschippe.

„Sie haben ihm vor drei Wochen ein Auge ausgeschossen. Aber er muss wieder den Panzer fahren. Ja, ja, so ist das."

„Du hast ja das Bild abgenommen", sage ich, als ich den hellen Fleck an der Wand bemerke.

„Sie sollen nicht auch noch Windhuk kaputtmachen", sagt der Großvater.

„Ich nehme es immer mit in den Keller. Fenster kannste reparieren, Erinnerungen nicht."

Die Großmutter ruft mich aus der Küche. Sie hat Kalkstaub auf dem Kopf und den Schultern.

„Nebenan hat's eingeschlagen", sagt sie, während sie die Suppe in einen Teller füllt, „Opa hat sich sehr aufgeregt."

„Ich dachte schon, es ist was passiert", sage ich und esse.

„Habs in Eurer Richtung ein paarmal reinhauen sehen."

Die Großmutter räumt die Töpfe zusammen und dreht das Gas ab.

„Ach was", sagt sie, „wer hat schon Interesse an uns alten Leuten."

„War was im Keller?", frage ich.

„Nein", sagt die Großmutter, „Ich hab in der Ecke gesessen und gestrickt, wies passiert ist, und habe garnichts gehört. Weißt Du, die Handschuhe, die dein Vater haben wollte. Und da ist der Opa mit einem Mal angerannt gekommen und hat immer gebrüllt. Ich hab ihn gefragt, was los ist und da hat er dumme Gans zu mir gesagt und Kalk ist von der Decke gefallen. Die ganze Wolle ist dreckig. Muss ich morgen waschen, und das trocknet doch so schlecht bei dem Wetter. Opa muss sehr aufgeregt gewesen sein, denn sowas hat er noch nie zu mir gesagt. Oben hab ich ihm dann gleich seine Pillen gegeben."

Sie setzt sich zu mir an den Küchentisch, zieht das Schubfach auf, wo die Messer und Gabeln drin sind.

„Hier hast Du eine Zigarette", sagt sie. „Ist von meiner Karte. Opa raucht zu viel."

Die Frau von nebenan steckt den Kopf durch die Tür.

„Wolln Sie nen Teller Suppe?", sagt die Großmutter.

„Nein", sagt die Frau, „ich wollte nur sehen, ob alles in Ordnung ist."

Sie zieht die Korridortür hinter sich ins Schloss.

„Die kümmert sich wohl öfter mal um Euch", sage ich.

„Ach was", sagt die Großmutter, „ich mag sie nicht. Sie will nie was essen."

Der Großvater schließt mir die Haustür auf, als ich fortgehe. Er hat die alte Drillichjacke angezogen und Hausschuhe an den Füßen.

„Ja, ja", sagt er, als ich ihm die Hand reiche, „so ist das liebe Leben."

———————

Ich habe mir auf dem Birkenweg vor unserem Haus ein Loch gegraben. So achtzig Zentimeter Durchmesser, wie ich es bei den Landsern in Polen gesehen habe.

Die Einschläge der russischen Kanonen liegen jetzt schon näher. Sie müssen bereits den Rand der Siedlung berühren. Vor mir liegt mein Stahlhelm.

Es wird jetzt langsam hell und aus dem Luftschutzkeller bei Schemmels kommen die ersten Leute. Sie stehen am Gartentor, sehen nach dem Wetter und den Einschlägen. Der Beiersdorf hat seine Parteiuniform angezogen und trägt eine Pistole umgeschnallt.

Die Einschläge werden heftiger und lauter.

„Verzieht Euch mal wieder, wenns richtig hell wird, gibts Kattun", sage ich.

Ich sehe unter den Leuten meinen Vater. Er hebt die Hand und wirft mir ein Päckchen Zigaretten über den Gartenzaun.

Ich winke und deute auf den Kellereingang. Sie gehen langsam wieder herunter.

Vor dem Bäckerladen steht bereits wieder eine Schlange. Meistens Frauen. Ängstlich ducken sie sich an die Hauswand, wenn es in der Nähe aufblitzt, aber sie gehen nicht fort.

Jetzt hört man es bereits jaulen. In einer Nebenstraße kracht es ein paar Mal kurz.

Die Frauen stehen jetzt, erregt miteinander sprechend, im Eingang zum Laden in einem Haufen. Sie scheinen darüber zu sprechen, ob es besser sei, tot zu sein oder Brot zu bekommen, denke ich. Ist wohl auch egal.

„Schert Euch nach Hause, es gibt gleich Kattun", rufe ich herüber.

Die Frauen sprechen wieder miteinander.

„Junger Schnösel" und „Frechheit" flattert durch die immer näher kommenden Einschläge zu mir herüber.

Ich setze den Helm auf. Blöde Weiber, denke ich.

Jetzt wie eine Sirene anschwellendes Jaulen. Ich ducke mich.

Vier Einschläge. Dreck fliegt ins Loch. Ziegel scheppern von den Dächern.

Dann ist Ruhe.

Als ich mich aufrichte, sehe ich, dass der Haufen vor dem Bäckerladen verschwunden ist. Vor dem Geschäft auf dem Fahrdamm ist ein Loch im Asphalt.

Kleine Fische, 3, 7 denke ich.

Dann sehe ich die Gestalt, die in der kaputten Schaufensterscheibe hängt.

„Verdammt", sage ich laut und renne zum Luftschutzkeller.

„Vater, Schemmel und Holle, rauskommen, Bahre mitbringen", rufe ich die Treppe hinunter.

„Draußen ist Beschuss, keiner verlässt den Schutzraum", sagt der Beiersdorf.

„Arschloch", rufe ich die Treppe hinunter.

„Aber Thomas", sagt Mutter.

Dann sind sie mit der Bahre oben. Vater hat sich einen eisernen Kochtopf aufgesetzt. Er hat eine Strippe durch die beiden Henkel gezogen und unter dem Kinn zusammengebunden.

„Los, los", sage ich, „wenn's jault, schmeißt ihr euch in den Rinnstein."

Wir rennen los. Zweimal müssen wir uns hinlegen.

Vater und Herr Holle nehmen die Frau aus der Scheibe und legen sie auf die Bahre.

„Oh, das ist doch nicht nötig, oh, das ist doch nicht nötig", sagt sie.

Sie hat die Beine eng an den Leib gezogen.

Wir tragen sie in den Keller.

Frau Holle wickelt Binden um die Beine der Frau.

„Blöde Weiber, in so einem Feuer", sage ich.

„Thomas, du hast dich zu benehmen unter älteren Leuten", sagt meine Mutter.

Sie strickt an einem Pullover neue Ärmel an.

Der Beiersdorf sitzt in einer Ecke und fingert an seiner Pistole herum.

„Rudi, die wirfst du jetzt sofort in die Regentonne", sagt seine Frau. Sie ist sehr dick.

Ich gehe in die Ecke zu ihm. „Geben Sie her", sage ich.

Er hält die rechte Hand fest um den Kolben geschlossen.

Ich fasse die Waffe am Lauf und drehe sie ihm aus der Hand.

Dann gehe ich die Treppe herauf in den Garten. Ich hebe den Verschluss der Regentonne und öffne meine Hand. Es klatscht nur ganz leise, als die Pistole hineinfällt. Dann noch ein kleiner Nachhall, als sie am Boden ankommt. Langsam schließe ich den Deckel.

Der Beschuss geht bereits über die Siedlung hinweg nach Spandau hinein.

Als ich in meinem Loch aufwache, ist es Morgen. Durch die Ritzen der Sandsäcke vor dem Kellerfenster dringt noch kein Licht.

Ob Mutter wohl gestern den Ärmel fertigbekommen hat, denke ich, dann würde sie besser schlafen.

Von der Havel her ist schweres Motorengeräusch zu hören. Dazwischen Maschinengewehrknatter und hin und wieder eine Handgranatenexplosion.

In dem Waldstück am Ende unserer Straße, wo ich gestern die vielen SS-Leute hineingehen sah, ist es ruhig.

Ich ducke mich und zünde mir eine Zigarette an. Dann lehne ich mich mit dem Rücken an und döse.

Mutter hatte gestern gesagt, diese Sechzehnjährigen seien die reinsten Landsknechte. Es sei eine Schande. Sie hätten früher erst mit 21 Jahren rauchen dürfen. Und überhaupt. Das sagt sie öfter.

Ich höre Stimmen aus dem Hauseingang bei Schemmels. Es ist der Beiersdorf mit seiner Frau.

„Du bist verrückt", sagt die Frau, „wie ein kleines Kind lässt Du Dich herumkommandieren."

„Befehl der Ortsgruppe. Alle politischen Leiter sammeln sich um 7 Uhr zum Einsatz für die Verteidigung der Reichshauptstadt", sagt er.

Dann steigt er die Haustreppe hinab und öffnet das Gartentor. Langsam entfernen sich seine Schritte auf der Straße.

„Rudi", ruft die Frau noch einmal. Es klingt erstaunt.

Dann biegt er um die Straßenecke. Die Frau schließt die Tür.

Aus dem Waldstück kommt jetzt eine lange Schlange von Menschen die Straße herunter. Es sind die SS-Leute. Sie gehen langsam an meinem Loch vorbei.

„Wir hauen ab", sagt einer, als ich ihn frage.

„Gott sei Dank", sage ich.

Es sind dreihundert Mann. Sie verschwinden in Richtung auf Berlin in der Dämmerung.

Das schwere Motorengeräusch wird jetzt stärker. Man hört Kettengeklapper. Aus dem Loch im Walddunkel, wo die SS herausgekommen war, rollt ein Panzer auf die Straße und bleibt stehen. Andere stellen sich hinter ihm auf.

Dann setzen sich alle, wie auf Kommando, in Bewegung und fahren die Straße hinab auf mich zu.

Ich setze den Stahlhelm ab und steige aus dem Loch.

Es sind zehn Stück. Sie halten an, als alle auf der Straße stehen. Soldaten springen herunter und schlagen mit ihren Gewehren an die Haustüren. Einer kommt auf mich zu.

„Du Soldat?", fragt er.

„Nein", sage ich und schüttle mit dem Kopf, „njet".

Er droht mir mit dem Finger und geht auf Schemmels Hauseingang zu.

Ich werde plötzlich von hinten umfasst, dass mir das Atmen schwer wird. Ich versuche, mich umzudrehen und mich aus dem Griff zu befreien, aber es gelingt mir nicht. Die Brust in meinem Rücken schüttert vor Gelächter.

„Oh, boje noi, kleiner Hauptmann, ich freue mich, dich

zu sehen", sagt eine tiefe, lustige Stimme.

Jetzt löst sich der Griff der Arme, und ich drehe mich um.

Es ist Krassenkow. Er trägt einen deutschen Offiziersrock und hat viele Orden auf der Brust.

„Da bist du ja", sage ich, „wie gehts?"

„Wies geht", sagt er und lacht, „weißt Du Auschwitz, wir weggelaufen, als es losging. Bin wieder Feldwebel geworden. Wie früher, ja. Gut gehts."

„Komm", sage ich, „ich hab Dir immer erzählt, wie ich wohne, jetzt sollst Du es sehen. Mein Zimmer, weißt Du?"

„Fein", sagt er, „aber wart, ich hol noch eben was."

Er rennt zu einem der Panzer und verschwindet in der Einstiegluke.

Der Soldat von vorhin kommt aus unserem Luftschutz-keller auf mich zu.

„Du Solldatt", sagt er und droht mit dem Finger.

In der Hand hält er die Parteimütze von Beiersdorf.

Ich schüttle den Kopf.

Krassenkow tritt auf uns zu.

„Dawai", sagt er und schiebt den Soldaten beiseite.

Wir gehen die Straße entlang. Er singt leise vor sich hin. Ich schließe unsere Haustür auf, und wir gehen nach oben in mein Zimmer. Wir setzen uns auf mein Bett.

„So viel Bücher, so viele", sagt er, „hast Du die alle gelernt, alle?"

„Lass", sage ich, „ich freue mich, dass es Dir gut geht."

Auf dem Tisch steht eine gläserne Vase. Krassenkow nimmt die Blumen heraus und gießt das Wasser auf den Boden. Aus einer Flasche gießt er Schnaps hinein.

„Trink", sagt er.

Ich trinke. Mir bleibt die Luft weg, und es brennt im Hals. Aber ich trinke die Vase aus.

„Du freust Dich wohl", fragt er und schenkt nochmal ein.

„Ja", sage ich, „und von den Büchern habe ich keins gelernt."

Von unten wird gerufen. Krassenkow steht auf.

„Es geht weiter", sagt er traurig.

„Macht nichts", sage ich, „Du hast deine Sache gut gemacht."

„Auf Wiedersehen", rufe ich, als er in die Luke steigt, „und schreib mal."

Ich bin betrunken und muss mich am Gartentor festhalten.

Der letzte Panzer biegt vorn am Eschenweg um die Ecke.

Ich gehe in den Luftschutzkeller.

„Du bist betrunken", sagt meine Mutter.

Der Ärmel ist doch noch nicht fertig.

„Ja", sage ich, „ich hab mich mit einem Russen besoffen."

Exposé und Inhalt

Es ist meine Absicht, in dieser Arbeit etwas über das Schicksal all derer zu sagen, die in den letzten Kriegsjahren im Kindesalter eingezogen und an die Front geworfen wurden. Ich glaube, dass dies notwendig ist, da sich bis heute noch niemand mit diesem Thema beschäftigte.

Die Sinnlosigkeit des Ganzen und die gewaltsame Verformung und Missbildung der Seele dieser Kinder wird während eines bestimmten Zeitraumes, der von 1944 – 1950 geht, aufgezeigt. Die Perspektive, aus der beobachtet wird, ist die dieser Kinder. Dementsprechend ergeben sich ganz andere Bilder und Gedankengänge.

Dies wird verständlich, wenn man bedenkt, dass viele dieser Jungen zum Zeitpunkt ihrer Einziehung noch nicht einmal im Pubertätsalter waren. Das Einsetzen und die Vollendung der Pubertätsentwicklung während dieses Landsknechtslebens und in den Jahren nach Kriegsende, wie es sich bei einigen der Jungen ergab, lenkte ihr weiteres Schicksal in andere Bahnen.

Andere waren diesen Einflüssen wenig oder gar nicht unterworfen. Hier waren Elternhaus und frühere Umgebung stärker.

Eins haben alle im Buch gezeigten Jungen gemeinsam: Sie entwickeln sich durch die Beschäftigung, zu der sie gezwungen wurden, ganz stark einseitig.

Soweit es sich um die Faustregeln über das Verhalten bei Kampfhandlungen handelt, stehen sie den Soldaten ihrer Einheit nur wenig nach. In anderer Hinsicht sind sie in ihrer Entwicklung dort stehen geblieben, wo man sie ihrem gewohnten Leben entriss.

Der Hexenkessel der über Polen, Ober- und Niederschlesien zurückflutenden Ostfront, das, was sich in den letzten zwei Monaten in Berlin zutrug und die Jahre danach bilden den äußeren Rahmen der Erzählung.

Das Buch ist gegen den Krieg. Nicht nur gegen die Einziehung von Kindern, sondern gegen den Krieg im Allgemeinen.

Ich selbst bin mit fünfzehn Jahren eingezogen worden, und dieses Buch ist ein Erlebnisbericht. Die geschilderten Jungen sind meine ehemaligen Klassenkameraden.

Die Arbeit ist in Ich-Form geschrieben und besteht aus einer Reihe chronologisch geordneter Szenen.

Die Jungen sind alle Jahrgang 1928. Am 10. Januar 1944 also, am Tage ihrer Einziehung, 15 Jahre alt. Die Schule, aus der sie fortmüssen, ist in ganz Deutschland für ihre antinationalsozialistische Einstellung bekannt. Es ist das ehemals staatliche Kant-Gymnasium in Spandau mit seinem Leiter Oberstudiendirektor Dr. Krüger, der der Schule auch nach dem Krieg vorsteht.

Das Buch beginnt mit der letzten Schulstunde. Der alte Klassenlehrer liest den Jungen ein Gedicht von Kurt Tucholsky und verlässt danach wortlos die Klasse. Auf dem Katheder lässt er für jeden eine Abschrift des Gedichtes liegen.

„Nie wieder Krieg" lautet die letzte Zeile.

Am Tage der Einziehung treffen sich die Jungen im Zimmer ihres Direktors.

Kurzes Streiflicht auf die häusliche Umgebung Wolfgang Scheuermanns, mit dem der Erzähler schon von Kindheit an befreundet ist.

Der Direktor stellt dem jungen Leutnant, der die Jungen abzuholen gekommen ist, seine „Obertertia" vor.

Dieser Vorgang ist für ihn der Zusammenbruch seines gesamten humanistischen Erziehungsideals, was die Jungen an seinen hilflosen Verlegenheitsgesten sehr genau merken.

Er gibt ihnen auf den Weg eine Feldpostausgabe des „Sokrates" mit, in die er vorn die Adresse eines Landhauses in Mecklenburg geschrieben hat.

„Wenn Du mich einmal brauchst", steht dort.

Die Jungen werden in einer Flakstellung am Rande Berlins ausgebildet. Sie erleben die großen Angriffe auf Berlin aus einer für sie neuen Perspektive mit.

Viele allerdings spüren dies kaum, da sie sich mit der ihnen völlig fremden militärischen Lebensführung in ständiger Auseinandersetzung befinden.

In drei große Gruppen sind die verschiedenen Reaktionen der Klasse einzuteilen:

Die einen haben Angst, andere lehnen sich mehr oder weniger auf und die dritte Gruppe ordnet sich achselzuckend ein oder hat sogar eine gewisse Freude an diesem für sie neuen Zustand des „nur Befehle bekommen und nicht denken müssen".

Der Batteriechef, Obersturmführer der Zivil-SS, hat das System, dem er verschrieben ist, gut studiert und kennt seine Methoden.

Er benutzt die Gruppe von Jungen, die sich fügen, als Werkzeuge, um durch „Kameradenerziehung" die Widerspenstigen zu ducken.

Dies gelingt ihm nur teilweise. Die Jungen, die sich dagegen wehren, zu sturen Befehlsempfängern zu werden und die bemüht sind, sich das, was ihnen Schule und Elternhaus mitgab, zu bewahren, erhalten versteckte, aber wirksame Hilfe durch die Soldaten der Batterie, die dem Alter nach ihre Väter sein könnten und meist schon seit Anfang des Krieges dabei sind.

Sie werden hierin unterstützt von dem alten Klassenlehrer der Jungen, der hin und wieder in die Stellung kommt, um sie „geistig zu betreuen", wie der Befehl hieß.

Die Jungen lernen mit der Zeit, dass die Anhänger des Naziregimes unter dem Offiziers- und Unteroffizierscorps ihnen zum größten Teil geistig unterlegen sind. Außerdem spüren sie bald die immer größer werdende Unsicherheit, in der sich diese befinden.

Andere Unteroffiziere, wie zum Beispiel der Unteroffizier Wünsche, die es für einen Wahnsinn halten, Kinder einzuziehen, ohne jedoch zu wagen, das offen zum Ausdruck zu bringen, schonen die Jungen und helfen ihnen, wo sie es können, ohne sich selbst zu gefährden.

Paradoxien, wie z.B. die Erteilung von „Konfirmationsurlaub", den auch der Erzähler bekommt, zeigen die Lächerlichkeit der Anstrengungen, die in diesem letzten Kriegsjahr gemacht wurden.

Nach drei Monaten wird die Batterie nach Merseburg verlegt und gerät in den Großangriff auf die Leunawerke hinein, wo verschiedene der Jungen verschüttet werden und einige fallen.

Der alte Ordinarius, der als „Betreuungslehrer" mitkam, holt einige von ihnen aus dem Feuer und leistet Hilfe, während sich der Batteriechef und seine Offiziere nicht aus ihrem Unterstand heraus trauen.

Die Überlebenden werden von Parteifunktionären der Stadt Merseburg als „Retter" und „Helden" gefeiert und mit einer Sonderspende Sekt beschenkt.

Einer der Jungs, sinnlos betrunken von dem ungewohnten Alkohol, kauft sich eine Fahrkarte und steigt in einen Zug nach Berlin. Er wird von „Kettenhunden" aus dem Abteil geholt und vor ein Kriegsgericht gestellt.

Danach wird die ganze Batterie mit unbekanntem Ziel verladen.

Nach viertägiger Fahrt empfangen ein paar von den Jungen, als der Zug auf freier Strecke hält, die ersten Eindrücke der Umgebung, in der in den nächsten Monaten zu leben, ihnen bestimmt ist.

Ein Zug von weiblichen Konzentrationären mit kahlgeschorenen Köpfen marschiert vorüber.

Nach Ankunft auf dem Bestimmungsbahnhof Auschwitz werden sie in unmittelbare Nähe des KZ-Lagers gebracht, wo eine Großbatterie zum Schutz des in Auschwitz aufgebauten IG-Farbenwerkes zusammengestellt wird.

Die KZ-Gefangenen müssen die Geschützstellungen und die Unterstände ausbauen und werden von den Jungen beaufsichtigt.

Nach kurzer Zeit erkennen sie, dass die vom Batteriechef Oberleutnant Schier abgegebene Erklärung, es handle sich bei den Gefangenen ausschließlich um Kriminelle und Homosexuelle, also „Untermenschen", die, wenn sie nicht „spuren", in den Arsch getreten, und wenn sie sich von der Arbeitsstelle entfernen, „abgeknallt" werden müssen, eine glatte Lüge ist.

Sie bekommen bei den Arbeiten Kontakt mit den Gefangenen und lernen Intellektuelle, Wissenschaftler und Politiker neben einfachen Menschen, vorwiegend aus den Balkanländern, kennen.

Ein Professor für Germanistik und Kunstgeschichte, bis zu seiner Gefangennahme an einer jugoslawischen Universität tätig, gibt dem Erzähler einen besseren Einblick in die Methoden des Nazi-Systems, als es ihm je vorher vermittelt wurde.

Viele Jungen stehlen für die Gefangenen Lebensmittel und Zigaretten oder geben von Eigenem ab.

Anderen ist dies alles zu gefährlich. Einer meldet diese Vorgänge dem Batteriechef. Die Häftlinge kommen nicht mehr in die Stellung. Die Jungen werden nicht bestraft, da man sie braucht.

Zwei von ihnen ziehen ihre Konsequenzen aus dem, was sie von den Häftlingen erfuhren. Sie wollen mit allen Mitteln versuchen, nach Hause durchzukommen.

Wahrscheinlich waren diese ideellen Erwägungen, die sie den anderen sagen, auch nur Tarnung für ganz andere

Motive: Heimweh und Hilflosigkeit, gepaart mit Abenteuerlust und Renommiersucht dürften die Hauptkomponenten gewesen sein.

Petzold nimmt eine größere Dosis Bromtabletten, durch deren Auswirkungen er den Mut gewinnt, Batteriechef und Spieß anzugreifen und niederzuschlagen.

Muther ist plötzlich selbst durch Gewalt nicht mehr dazu zu bewegen, sein Bett zu verlassen, das er mit seinen Exkrementen beschmutzt.

Beide erreichen ihr Ziel und werden wegen „Wehrunwürdigkeit" nach Hause entlassen, da sie als Luftwaffenhelfer nicht nach dem Kriegsrecht zu bestrafen sind.

Die Batterie wird täglich auf zu erwartende größere Kampfhandlungen einexerziert. Lade, Mess- und Erdkampfübungen an den Geschützen beherrschen lange Zeit den Dienstplan, nach dem die Jungen leben müssen. Wozu diese Übungen gemacht werden, weiß keiner, wohl nur der Batteriechef.

Bei einer der täglichen Übungen gerät der Erzähler mit der Hand in die Ladeeinrichtung. Er fährt zum Röntgen nach Kattowitz.

Im Hause seines Onkels, der in Kattowitz lebt, lernt er ein Mädchen kennen, das ihn, weil es ihm unerklärbare Dinge ausströmt, stark beschäftigt. Es folgt ein für den Jungen sehr tiefes Erlebnis auf einer Hütte in den Beskiden, wohin beide auf drei Tage fahren.

Die einseitige, lediglich auf die „männlichen" Verrichtungen in der Batterie abgestellte Entwicklung des Jungen lässt ihn sich fast völlig dem Willen und der Umsicht des gleichaltrigen Mädchens unterwerfen. Sie liebt den Jungen und versucht das hinter einer BDM-Burschikosität zu verstecken.

Dass sich das Mädchen sexuelle Betätigung mit ihm wünscht, glaubt er nicht, denn er weiß wenig oder gar nichts davon und hat sich damit kaum beschäftigt. Er ist glücklich und denkt überhaupt nicht. Es wird viel geredet an den Abenden, aus Verlegenheit.

Durch Vermittlung des Unteroffiziers Wünsche, an dessen Geschütz der Erzähler ist, wird ihm die Betreuung und Beaufsichtigung der in der Batterie befindlichen kriegsgefangenen Russen übertragen. Es sind Ukrainer und Weißrussen, die als „zuverlässig" eingestuft, vielen Flakbatterien zum Munitionstragen und zur Verrichtung vorkommender Arbeiten zugeteilt wurden.

Der Junge übernimmt diesen Auftrag sehr gern, weil er für ihn Befreiung vom „Schleifdienst" bedeutet und freundet sich rasch mit dem Sprecher der Russen, Krassenkow, und ein paar anderen, die ebenfalls etwas Deutsch sprechen, an.

Mit der Zeit werden immer mehr von den alten Soldaten zur Front abgestellt, und die Russen müssen die freiwerdenden Funktionen übernehmen. Dementsprechend besser werden sie behandelt.

Die Jungen sollen sich wegen der durch das Näherkommen der Front immer lebhafter werdenden Partisanentätigkeit von Zuhause Privatwaffen kommen lassen.

Magin bekommt eine Pistole geschickt, mit der er beim Durchladen infolge eines Defektes an der Sicherung seinen Bettnachbarn Kälber erschießt.

Der kleine Mähliss entschließt sich bei einem Gang in das benachbarte Polendorf, als er von einigen Männern überfallen wird, zu schießen und sieht, wie einer der Männer umfällt.

Er meldet, nach einem atemlosen Lauf zurück in die Stellung, dem Batteriechef: „Ich habe einen Menschen erschossen".

Da man die gefangenen Russen immer notwendiger braucht, entschließt sich der Batteriechef, ihnen größere Zugeständnisse zu machen. Der Erzähler muss mit ihnen nach Auschwitz in ein Bordell fahren, wozu er einen größeren Betrag aus der Batteriekasse erhält, da die Russen keine Löhnung bekommen.

Die mütterliche Liebenswürdigkeit der Leiterin dieses Hauses, und die Vornehmheit der dort arbeitenden „Damen", die ihm von der Leiterin alle vorgestellt werden, bevor sie mit seinen Schutzbefohlenen im Hause entschwinden, lassen ihn über den Zweck des Unternehmens völlig im Unklaren.

Er verbringt mit der Leiterin ein paar anregende Stunden bei Tee und Zigaretten im Empfangssalon und weiß bei der Abrechnung, die ihm für die „Abfertigung von dreiundzwanzig Russen" vorgelegt wird, gar nicht, wofür er bezahlt.

Zu Silvester 44/45 lässt der Batteriechef an alle größere Mengen von Schnaps und Zigaretten ausgeben.

Nachrichten vom Näherrücken der Front, die nur noch 50 Kilometer entfernt sein soll, sind in die Batterie gedrungen.

Der Oberleutnant und die ihm ergebenen Offiziere nehmen die allgemeine Betrunkenheit zum Anlass, aufgetretene Bedenken zu zerstreuen und den Kampfgeist zu heben. Die Batterie befindet sich in einer allgemeinen „Heldenstimmung", die aber nur solange wie der Alkohol anhält.

Der Oberleutnant lässt, weil er wegen mehrerer Schüsse im Wald an Partisanen glaubt, eine Reihe von alten Männern, Frauen und Kindern als Geisel erschießen und zwingt einen Teil der Luftwaffenhelfer, sich daran zu beteiligen.

Die anderen müssen der Exekution zusehen.

Wie sich später herausstellt, sind die Schüsse von deutschen Soldaten abgegeben worden, die auf der Jagd waren.

Die Stimmung wird immer nervöser und die Jungen beobachten, dass der Batteriechef seine wertvolle Bunkereinrichtung in Kisten verpacken und abtransportieren lässt.

Der alte Klassenlehrer muss die Batterie verlassen.

Nach einem Tieffliegerangriff auf die Batterie stellt ein Spähtrupp, an dem ein paar von den Jungen teilnehmen, das

Herannahen der Russen fest.

Die Einschläge einer russischen Werferbatterie bilden den Auftakt des Durcheinanders, das jetzt einsetzt.

Die kriegsgefangenen Russen werden abtransportiert und die Stellung zum Igel ausgebaut.

In dem folgenden Kampf der Igelstellung mit den russischen Scharfschützen fallen eine ganze Reihe von Jungen, die für einen solchen Fall keinerlei Ausbildung erhielten.

Sie springen in ihrem Entsetzen aus den Deckungen.

Ganz wenige hören auf die Anweisungen der alten Soldaten, die in ihren Löchern hocken und sie nicht zurückholen können, ohne sich selbst zu gefährden.

Unteroffizier Wünsche versucht mit seinem Geschütz den Durchbruch, der gelingt.

Sie finden auf der Suche nach Verpflegung im Lager Auschwitz vier Häftlinge, die sich vor dem Abtransport versteckt hatten und so zurückbleiben konnten.

Wünsche findet auch die Leichen der Erschossenen, die nicht „marschfähig" waren.

Sie geraten mit ihrer Kanone in den allgemeinen Rückzug, der laufend durch kleinere und größere Gefechte unterbrochen wird, und Wünsche schickt den Erzähler fort. Er soll versuchen, nach Hause durchzukommen.

Der Junge schlägt sich bis Ratibor durch, wo er von der Feldpolizei aufgefangen und in die Straßenkämpfe von Rybnik hineingeworfen wird.

Es gelingt ihm von dort fort – und wieder nach Ratibor zu kommen.

Auf dem Bahnhof steht ein Lazarettzug. Der Letzte, der aus Ratibor herauskommt, wie später bekannt wird.

Der Heizer versteckt ihn im Kesselwagen. Bei der Inspektion durch den Stabsarzt – der Zug fährt schon lange – wird er entdeckt. Der Arzt stellt bei ihm Erfrierungen

2. Grades an den Füßen fest und lässt ihn im Zug.

Über Mährisch-Ostrau, Wien geht die Fahrt nach Linz. Dort gelingt es dem Jungen durch Vermittlung des Arztes einen Dienstfahrschein von dem Bahnhofswachhabenden zu bekommen.

Als er in Berlin eintrifft, ist Fliegeralarm und keine Kontrolle an den Sperren. Morgens um fünf trifft er zuhause ein.

Man beschließt, seine Rückkehr geheim zu halten. Wie die Eltern erfahren, ist er der Einzige, der von der Klasse bisher zurückgekommen ist.

Die Mutter Wolfgang Scheuermanns macht in ihrer Verzweiflung darüber, dass ihr Sohn nicht mit zurückgekommen ist, den Versuch, den Jungen anzuzeigen, wird aber durch ihren Mann daran gehindert.

In den Nächten, die der Junge auf den Straßen herumstreift, merkt er, dass es auch in Berlin in Kürze zu Ende gehen muss.

Er beobachtet die krampfhaften Anstrengungen der Parteiorgane, trotz der laufenden Angriffe, eine Scheinordnung aufrecht zu erhalten.

Nach einem großen Nachtangriff, auf dem Weg zu den Großeltern, nach denen er sehen will, stößt er auf einige Männer einer kleinen Widerstandsgruppe, die Plakate kleben. Er schließt sich der Gruppe an, die es sich zur Aufgabe gemacht hat, die von der Partei geplante Aktion „Werwolf" in Spandau zu vereiteln.

Über die Motive zu diesem Entschluss ist er sich völlig unklar. Er spricht auch mit den Eltern nicht darüber. Vielleicht ist es der Gedanke, das, was er in der letzten Zeit lernte, endlich einmal nutzbringend zu verwenden. So formuliert es der Führer der Gruppe, der ihm helfen will, mit sich ins Reine zu kommen.

Drei Nächte bevor die Russen kommen, erschießt die Gruppe den Führer des „Werwolf" in Spandau, einen

HJ-Bannführer auf dem Hafenplatz und entfernt die Sprengladungen an der Siemensstädter Brücke.

Dann kehren alle nach Hause zurück, um den Einmarsch der Russen zu erwarten, von denen sie sich alles erhoffen.

Der Junge gräbt sich auf der Promenade vor dem Haus der Eltern ein Loch, in dem er die letzten Stunden vor der Besetzung zubringt.

Unter den ersten Russen trifft er auf Krassenkow, den Sprecher der Kriegsgefangenen aus der Stellung bei Auschwitz, mit dem er sich betrinkt.

Die Dinge, die er in den ersten Tagen nach dem Umsturz in der Siedlung beobachtet, zerstören in ihm den Ansatz des Ideals, das ihm die Widerständler in den letzten zwei Monaten gaben, völlig.

Er erkennt, dass Sinnlosigkeit und Willkür in einem Krieg auf beiden Seiten gleich groß sind und dass Gewalt immer mit Gewalt erwidert wird.

Er hält es für das Beste, abzuwarten und möglichst nicht zu denken.

Unter diesem Gesichtspunkt steht auch die erste Zusammenkunft in der Schule, die von dem alten Klassenlehrer im Keller abgehalten wird. Außer ihm nehmen noch fünf von der Klasse teil. Von den anderen weiß man nichts.

Als einer mit seinen Erlebnissen zu prahlen beginnt, schlägt ihm Muther, der Wehrunwürdige, ins Gesicht, dass er liegenbleibt.

Die Zusammenkunft steht unter dem Eindruck eines Schweigens, das nur ganz selten, zögernd von jemand durchbrochen wird.

Die Jungen beschließen, über das, was war, nicht zu sprechen. Sie wollen die Räume enttrümmern und wieder mit dem Unterricht beginnen.

Alle bis auf einen verlassen schon nach kurzer Zeit die

Schule. Sie können nicht mehr um- oder besser gesagt zurückschalten.

Der Erzähler beteiligt sich zusammen mit dem Leiter der Widerstandsgruppe, mit dem er Verbindung gehalten hat, am Aufbau des Spandauer Jugendausschusses und holt sich einige aus der Klasse hinzu.

Sie arbeiten solange dort, bis nach Konstituierung des neuen Berliner Magistrats „berufsmäßige Jugendliche" Parteifunktionäre die Leitung übernehmen.

Sie ziehen sich völlig zurück.

Der Erzähler, der bald eine Stellung als Volontär einer Tageszeitung findet und auch danach als Journalist arbeitet, trifft hin und wieder einen von ihnen und beobachtet so ihre weitere Entwicklung.

Der Führer der Widerstandsgruppe wird Lehrer und erhält in der Partei, der er angehört, immer mehr Funktionen. Er erkennt bald, dass Korruption und Cliquenwirtschaft unter den alten Parteigenossen aus der Systemzeit immer größer wird.

„Wenn einer genügend Geld verdient, gewöhnt er es sich schnell ab, Sozialist zu sein."

Er zweifelt an dem Zweck seines Berufes, denn er sieht, dass die schulentlassenen Jungen auf der Straße stehen und keine Lehrstelle erhalten.

Das Einzige, worauf er sich das ganze Jahr freut, ist seine Sommerreise. Er tritt aus der Partei aus und möchte, sobald es möglich ist, ins Ausland.

Scheuermann und „Jünne" allein besuchen die Schule weiter. Scheuermann kommt '47 aus russischer Gefangenschaft und ist körperlich erledigt. Er versucht sein altes Leben, das durch die Familie festgelegt ist, wieder aufzunehmen. Nach dem Abitur beginnt er Zahnmedizin zu studieren. Zwischendurch ist er immer wieder ans Bett gefesselt. Sein Magen- und Herzleiden bessert sich nicht. Aus seiner Frömmigkeit wird unter dem Einfluss der Eltern Frömmelei.

Der Erzähler merkt, dass er nicht mehr lange leben wird.

Die Familie glaubt, durch vieles „in die Kirche gehen" ein Gesundheitsattest für ihn erbeten zu können.

Jünne ist auf der Schule bis zum Abitur weiterhin der „Klassenstärkste". Er hat sich gar nicht verändert und beginnt eine Lehre in einer Bank, die er mit der ihm eigenen Ellenbogenkraft bald erfolgreich beendet.

Muther, der noch drei Wochen vor dem Umsturz zum Volkssturm eingezogen wird, verliert drei Tage vor der Kapitulation ein Bein.

Er wird nach kurzer Zeit von der Schule verwiesen, weil er immer häufiger, bald sogar während des Unterrichts Morphium spritzt. Er betreibt bald einen großangelegten Schwarzhandel, um das Geld für das Morphium zu bekommen, ist dem aber nicht gewachsen.

Von seiner Mutter erhält er keinerlei Hilfe. Sie treibt ihn im Gegenteil zu immer neuen Geschäften, um Esswaren zu beschaffen. Er macht Schulden und verübt Betrügereien um die Schulden abzudecken. Als er nicht mehr aus noch ein weiß, verübt er Selbstmord durch Leuchtgas.

Petzold ist nur wenige Tage auf der Schule, dann verschwindet er spurlos. Später wird bekannt, dass er mehrere Einbrüche gemacht hat und in Moabit sitzt.

Spengler wird zum eleganten Nichtstuer, der von seinem Vater lebt und sich mit seiner nur vier Jahre älteren Stiefmutter, mit der er schläft, an Preistänzen beteiligt.

Der kleine Mähliss wird Gärtner. Er hat den seelischen Schock bei dem Zusammenstoß mit den Polen nie überwunden und ist nicht imstande, dem in der Schule vorgetragenen Stoff zu folgen.

Der Erzähler hat in seinem Beruf die Möglichkeit, die allgemeine Entwicklung aus nächster Nähe zu beobachten. Für ihn werden die Schicksale seiner ehemaligen Kameraden, mit denen ihn nichts mehr verbindet, zu Symptomen.

Einzelne Facts, wie das Zurückschicken von Manuskripten mit der vertraulichen Bemerkung, man könne pazifistische Arbeiten im Augenblick leider nicht verwenden, das Wiederaufleben nazistischer Tendenzen usw. lassen ihn zu der Überzeugung kommen, dass es zwecklos ist, sich dagegen zu stemmen.

Bei einer Zusammenkunft der Übriggebliebenen von der Klasse stellt er fest, dass alle bis auf Jünne, der sich in nichts geändert hat und zu jeder Zeit jeder Situation gewachsen sein wird, die dreizehn Monate, die bestimmend für ihre weitere Entwicklung wurden, vergessen haben.

Sie konstatieren die Auswirkungen an sich selbst und die Auswirkungen des Krieges im Allgemeinen und kommen zu dem Schluss, dass allein eine neue Diktatur Ordnung in das Leben von ihnen und allen anderen bringen könnte.

Ihre wirtschaftliche und politische Unsicherheit sind die Hauptfaktoren für diese Überlegung. Sie suchten nach dem Zusammenbruch nach den neuen, echten Bindungen und Idealen, die man ihnen versprochen hatte und fanden sie nicht.

So wird das Regime, das sie früher auf Grund ihrer Erziehung verabscheuten, zum Ideal. Die politische Uninteressiertheit, ein typisches Merkmal der Schicht, der sie entstammen und der sie nur während der dreizehn Monate Krieg vorübergehend entrissen waren, macht es ihnen unmöglich, für sich ein logisches Fazit zu ziehen.

Die Schlussszene des Buches schildert eine Begegnung des Erzählers mit seinem ehemaligen Direktor. In diesem letzten Dialog ziehen beide, Lehrer und Schüler ihr Résumé.

Der Direktor glaubt den Untergang des größten Teils seiner „Jungs" dieses Jahrgangs 1928, an dem er sich schuldig fühlt, durch mangelhafte erzieherische Vorbereitung herbeigeführt zu haben und fragt traurig, aber durch den Abstand von den Dingen schon etwas müde und resigniert „Wie ist das nur alles gekommen?"

„Ich werde es schreiben", erwidert ihm sein ehemaliger Schüler.

Dokumentation

Die Henker von Auschwitz
Ein Prozess und seine Vorgeschichte

Im Herbst wird vor dem Frankfurter Schwurgericht der Prozess gegen eine größere Anzahl von Männern beginnen, die im KZ-Lager Auschwitz als SS-Leute Henkersdienste leisteten. Der Wiesbadener Journalist Thomas Gnielka hat durch seine Untersuchungen viel dazu beigetragen, dass dieses Verfahren gegen Mörder übelster Sorte überhaupt ins Rollen kam. Er schrieb für METALL folgenden Bericht:

Manchmal sind sie nachts wieder da. Die Bilder der Ereignisse, die für mich auf immer mit dem Namen Auschwitz verknüpft sind. Als wir, blutjunge Luftwaffenhelfer, im Sommer 1944 unsere Kanonen auf einem freien Feld in der Nähe der Stadt auffuhren, warteten sie schon auf uns. Zweihundert lebende Gerippe mit Spaten in den abgezehrten Händen; und SS-Leute, die sie umkreistem, wie Wachhunde. Es war ein „Arbeits-Kommando" des Lagers Auschwitz, das unsere Stellungen ausbauen sollte, Schutzwälle und Munitionsbunker anlegen, die Arbeit einer wohlgenährten Arbeitsdienstkompanie leisten sollte ... bei einem Liter Wassersuppe pro Tag. Wenige Tage später dann wurde der Erste von ihnen erschossen. Ein SS-Mann riss ihm die Mütze vom Kopf und warf sie weg. Als der Mützenlose den Befehl „Hol deinen Deckel, du Heini" befolgte, starb er durch einen Schuss in den Rücken. „Auf der Flucht erschossen", schrieb der SS-Mann am Abend in seinen Rapport.

Wir waren 15 Jahre alt damals, Luftwaffenhelfer aus wohlbehütetem Elternhaus, und wir schliefen schlecht danach.

Das nächste Mal sah ich Menschen aus Auschwitz als der Rückzug begann. Unser Fluchtweg führte am Lager vorbei. Eine halbe Stunde Zeit ließen uns die sowjetischen Panzer, um das verlassene Stammlager zu betreten. Wir blickten in offene Massengräber. Die Menschen von Auschwitz, die darinlagen, hatte die SS erschossen, weil sie nicht mehr gehfähig waren, nicht mehr imstande, sich fortzuschleppen auf dem Todesmarsch, den die übrigen Lagerinsassen durchstehen mussten bis zum KZ-Lager Groß-Rosen. Tausende in einem Erdloch. Krähen hockten am Rand und flogen auf, als wir an den Gruben vorbeigingen. Eine halbe Stunde später richteten russische Kameraleute ihre Apparate auf diesen Nachlass der SS.

Ich habe oft geschrieben über diese Eindrücke in den Jahren nach dem Krieg. Ein Hörspiel, Geschichten, ein paar Artikel. Vergessen war damit nicht zu erkaufen. Und 1959 war dann plötzlich alles wieder da.

Im Auftrag einer Frankfurter Zeitung besuchte ich einen ehemaligen KZ-Häftling, der sich über die unzulängliche Erledigung seiner Wiedergutmachungsansprüche beschwerte. Auf dem Büfett in seiner Wohnung lag ein Bündel Akten, zusammengehalten von einem roten Band. Er drückte mir das Paket in die Hand. „Vielleicht ist es etwas, das sie als Journalist interessiert", meinte der alte Herr. „Ich hab´s aus dem brennenden SS-Gericht in Breslau aufgesammelt." Es musste mich interessieren.

Als ich dem hessischen Generalstaatsanwalt Dr. Fritz Bauer das Bündel von Erschießungslisten des ehemaligen Konzentrationslagers Auschwitz übergab, war damit, ohne dass ich das wissen konnte, die Möglichkeit einer in Frankfurt zentralisierten Abrechnung mit Auschwitz und seinen Henkern gegeben. Die preußisch genau geführten Listen enthielten nämlich nicht nur die Namen der erschossenen Opfer, sondern ebenso genau die Namen der SS-Leute, die jene Menschen „auf der Flucht" erschossen hatten. Wenige Stunden später lief die Fahndung nach ihnen an. Die Zentrale Stelle zur Aufklärung nationalsozialistischer Verbrechen in Ludwigsburg bei Stuttgart übergab das dort angefallene

Auschwitzmaterial an Frankfurt. Zwei Staatsanwälte, junge Leute meiner Generation, erhielten ein Zimmer, eine Sekretärin und Berge von Dokumenten, um den Nachlass von Auschwitz prozessreif zu machen.

Wie sah er aus dieser Nachlass? Rund 4,4 Millionen Menschen[1] wurden in der Zeit von 1940 bis 1944 nach Auschwitz transportiert. Nur etwa 60 000 kamen mit dem Leben davon. 4 Millionen Männer, Frauen und Kinder wurden bereits draußen vor dem Lager, an der Verladerampe, zur Vergasung ausgesucht. 405 222 wurden ins Lager eingewiesen und die Mehrheit von ihnen starb den etwas langsameren Tod des Hungers, der Seuchen oder durch willkürliche Gewalt.

Ich habe mit den beiden Staatsanwälten viele Gespräche geführt, nachdem die Ermittlungen angelaufen waren. Alle Unterhaltungen führten immer wieder zu einem Punkt: es war zwar absolut sicher, dass die beiden ersten Kommandanten von Auschwitz, Rudolf Höß und Arthur Liebehenschel, in Polen hingerichtet wurden. Jedoch über das Schicksal des letzten, grausamsten Kommandanten des Lagers, Richard Baer, gab es keine genauen Informationen. Bekannt war lediglich, dass Baers Frau Maria, geborene Ludwig, im Hause ihres Vaters in Hamburg-Bergedorf lebte.

Und Maria Baers Privatleben wies eine Reihe recht verdächtiger Details auf. Ich fuhr nach Hamburg, um mit Frau Baer zu sprechen. Mich interessierte dabei eigentlich nur eins: wie sieht eine Frau aus, die seinerzeit Baer in voller Kenntnis von dessen Tätigkeit heiratete, zeitweise in den SS-Wohnungen des Lagers wohnte, die Erschießungssalven hörte, den Rauch des Krematoriums roch und trotz allem heute ein Leben führt, als wenn nichts, aber auch gar nichts geschehen sei. Ich traf nur Maria Baers Schwester an. Ihre vorsichtigen Antworten, ihre Hinweise auf die guten

[1] Die Auschwitz-Forschung geht von einer Opferzahl von 1,1 Millionen aus. Siehe Franciszek Piper, *Die Zahl der Opfer von Auschwitz. Aufgrund der Quellen und der Erträge der Forschung 1945 bis 1990*, aus dem Poln. von Jochen August, Oswiecim: Verlag Staatliches Museum Auschwitz-Birkenau, 1993.

Eigenschaften Baers, der ein „vorbildlicher Ehemann" gewesen sei, ihre Bemerkungen über den ausgedehnten „treuen" Bekanntenkreis Maria Baers, der sie ununterbrochen einlade, so dass sie kaum daheim in Hamburg-Bergedorf anzutreffen wäre, aber auch bestimmte Informationen der Staatsanwaltschaft, von denen ich wusste, veranlassten mich damals, den Verdacht, dass Richard Baer noch lebte, irgendwo unter falschem Namen das Leben eines Biedermanns führte, in einem umfangreichen Bericht mit einem großen Bilde des letzten Kommandanten zu veröffentlichen. Unmittelbar danach wurde Richard Baer verhaftet; an seiner Arbeitsstelle im Wald bei Hamburg, wo er als Haumeister tätig war. Als der Frankfurter Staatsanwalt Joachim Kügler die Verhaftungsformel sprach, machte der Oberhenker von Auschwitz vor Angst in die Hosen.[2] Wegen des gleichen „Malheurs" hatte er 1944 viele Häftlinge des Lagers Auschwitz als „einscheißende Untermenschen" erschießen lassen.

Mit Richard Baer, gegen den sehr viel mehr Anklagematerial wegen Mordes vorliegt, als es beispielsweise dem israelischen Generalstaatsanwalt Gideon Hausner gegen Adolf Eichmann beizubringen gelang, bekommt der im nächsten Jahr in Frankfurt anlaufende Auschwitz-Prozess die notwendige Abrundung.[3] Der letzte Kommandant und seine Helfershelfer werden vor Gericht stehen, wenn die Endabrechnung mit den Henkern von Auschwitz erfolgt.

METALL Nr. 16/1961, S. 6.

---

[2] Im Vermerk von Staatsanwalt Kügler vom 21. Dezember 1960 heißt es: „Bei der Zurückführung zum Wagen bat er [Baer] dringend, einmal austreten zu dürfen, da er sich in die Hose gemacht habe. Dies wurde ihm gestattet. Dabei konnte festgestellt werden, daß er vollständig mit Kot beschmutzt war. Unter Beachtung aller Sicherheitsmöglichkeiten wurde ihm gestattet, sich zu säubern." (Vermerk Küglers, Handakten, 4 Ks 2/63, Bd. 4, Bl. 661)

[3] Die Hauptverhandlung begann erst am 20. Dezember 1963. Baer stand nicht vor Gericht. Er war am 17. Juni 1963 in der Untersuchungshaft an Herz- und Kreislaufversagen gestorben.

Gesucht werden tausend Mörder
Auschwitz und seine Henker
Ein Dokumentarbericht von Thomas Gnielka

Im Frankfurter Untersuchungsgefängnis in der Hammelsgasse ist das Grauen eingezogen. Bei den Justizbeamten und bei den kleinen Strolchen, die dort auf ihre Strafe warten. Hinter 12 Zellentüren sitzen die größten Massenmörder, die jemals ein Untersuchungsgefängnis in seinen Mauern sah. Weitere Zellen warten auf neue Insassen. Nach rund 30 Mördern fahndet die Polizei zurzeit. Es ist alles vorbereitet in Frankfurt für den größten Schwurgerichtsprozess, der jemals in Deutschland stattfand: die Abrechnung mit der „eisernen Garde" der SS-Henker von AUSCHWITZ. Die Berge von Leichen unschuldiger Menschen, für die diese Henker mitverantwortlich sind, bilden eine Hypothek, die Deutschland niemals abzahlen kann. Niemals – denn auch das „Lebenslänglich", das ein Schwurgericht bald über sie verhängen wird, kann das Eine nicht hinwegwischen: Diese Mörder mordeten ihre Opfer „IM NAMEN DES DEUTSCHEN VOLKES".

Jeden Tag, den ein grausames Geschick in Auschwitz werden ließ, suchten sie sich neue Opfer. Als Zielscheibe für ihre Pistole, als „Versuchsperson" für eine tödliche Phenol-Spritze, als Opfer für die Gaskammer. Unser Volk wird diese Menschen vor Gericht stellen und von ihnen Rechenschaft verlangen für den Missbrauch seines Namens – um endlich einen Schlussstrich unter diese Geschichte zu ziehen. Unter die Geschichte des größten Verbrechen des Jahrhunderts

Langsam mahlte sich der russische T-34-Panzer durch den hohen Schnee neben der Straße und hielt. Der kurzhaarige Offizier oben in der Turmluke buchstabierte das Ortsschild: A-u-s-c-h-w-i-t-z. „Dawai", sagte er. „Wir sind gleich da." Der Panzer fuhr an. Hinter ihm setzte sich die Kolonne der

Fahrzeuge in Marsch, fuhr an den ersten Häusern entlang, über den weiten Marktplatz und bog ab hinunter in die Niederung zum Fluss. Lange Stacheldrahtzäune kamen in Sicht. Sie hoben sich vom Schnee ab wie Filigranmuster. Der Panzer rollte auf das Tor des Lagers zu. „Arbeit macht frei" stand über dem Torbogen. Der Offizier kletterte von seinem Fahrzeug. Ein Soldat reichte ihm eine Kamera hinaus. Die Männer der Fahrzeugkolonne standen neben den Autos, schlugen die Arme um den Körper. Ihr Atem stand in der Luft wie Rauch. Der Offizier ging allein durch das Tor. Die Kamera hing ihm über die Achsel. Er ging langsam. Der Schnee unter seinen Stiefeln knirschte wie Stärkemehl. Der Offizier ging an den Baracken vorbei, vor denen Ausrüstungsstücke herumlagen, SS-Mützen, Koppel, ein Rock. Er bog rechts ein zum Stacheldrahttor des Stammlagers. Ein Schwarm von Krähen lärmte drüben hinter der Küchenbaracke. Der Offizier stutzte, schaute hinüber und fing an zu laufen. Kurz vor der riesigen Grube, an der die Krähen schrien, stoppte er. Er nahm die Mütze ab und wischte sich über die Stirn.

Die Leichen in den gestreiften Häftlingsanzügen waren in der Grube geschichtet wie Eisenbahnschwellen. Der Offizier schätzte: „Zehn, zwanzig, dreißig ... tausend." Sein Gesicht war eigentlich ein junges, fröhliches Gesicht. Jetzt war es starr – hart, wie aus Holz geschnitten. Er stand lange. Erst als er den Schritt seines Fahrers hinter sich hörte, drehte er sich um. In den Augen des Offiziers war das Grauen. „Wir müssen diese Mörder suchen, die das getan haben", sagte er leise. „Wir müssen sie hetzen bis ans Ende der Welt, diese Schweine!" Es war Ende Januar 1945 und Rauch stieg auf von den Leichen in Auschwitz.

Man suchte nach den Mördern von Auschwitz, aber man fand sie nicht. Dieselben SS-Typen, die vor Stärke brüllten, wenn es darum ging, einen halbtoten Häftling zu quälen, ihm zu zeigen, „wer hier der Chef ist", hatten es nicht erst darauf ankommen lassen, sich dem Ansturm der Russen zu stellen.

Unangefochten hatten sie die gehfähigen Häftlinge zu langen Marschkolonnen zusammengetrieben, die Schwachen durch Genickschuss in den Schnee gestreckt und hatten den Marsch in Richtung auf das Konzentrationslager Groß-Rosen in der Nähe von Liegnitz angetreten. Ein Marsch, auf dem weit über die Hälfte der Gefangenen erschöpft am Wege zusammenbrach und von den wie Hunde sie umkreisenden Wachmannschaften mit Pistolenschüssen getötet wurden. Wer von den Insassen von Auschwitz den Marsch nach Groß-Rosen überstand, hatte die Hölle überstanden. Ihre Peiniger, die SS-Henker von Auschwitz, zogen es danach vor, sich in sichereres Gebiet abzusetzen. Ein Teil stieß später zur „Festung Alpenland", eine andere Gruppe zerstreute sich in alle Winde und kroch erfolgreich in den Schafspelz eines biedermännischen Spießbürgerlebens irgendwo in Deutschland.

Die Mörder lebten unter uns. Sie lebten gut. Als Facharbeiter, Angestellte, Krankenwärter, Apotheker und Ärzte nahmen sie teil am Wirtschaftswunder, kauften sich Häuser, Kühlschränke, Musiktruhen und Autos. Sie konnten das jahrelang unangefochten tun, weil es schien, als wenn sich niemand darum kümmern wollte, wie viele Menschen damals in Auschwitz starben. Die Henker von Auschwitz änderten in ihrem biedermännischen Leben nach dem Krieg nicht einmal ihren Namen, so sicher schienen sie sich unter uns zu fühlen. Doch sie waren nie sicher. Keinen Augenblick. Bereits wenige Tage nach dem Krieg gingen die Sowjets und Beauftragte Polens daran, den Versuch einer Übersicht über die Opfer des Vernichtungslagers Auschwitz zu machen. Dieser Versuch führte nur zu ganz groben Schätzungen. Denn die SS hatte vor ihrer Flucht sämtliche Unterlagen im Kommandanturgebäude des Stammlagers vernichtet. Ein paar Jahre später lag die grausige Endabrechnung dennoch vor: rund 4,4 Millionen Menschen[1]

---

[1] Die Auschwitz-Forschung geht von einer Opferzahl von 1,1 Millionen aus. Siehe Franciszek Piper, *Die Zahl der Opfer von Auschwitz. Aufgrund der Quellen und der Erträge der Forschung 1945 bis 1990*, aus dem Poln. von Jochen August, Oświecim: Verlag Staatliches Museum Auschwitz-Birkenau, 1993.

wurden in der Zeit von 1940 – 1944 nach Auschwitz transportiert. Nur etwa 60 000 von ihnen kamen mit dem Leben davon. 4 Millionen Männer, Frauen und Kinder wurden bereits draußen vor dem Lager, an der Verladerampe von den SS-Ärzten zur Vergasung ausgesucht, 405 222 wurden ins Lager eingewiesen und die Mehrheit von ihnen starb den etwas langsameren Tod des Hungers, der Seuchen oder der willkürlichen Gewalt.

Vier Jahre lang arbeiteten die Todesmühlen von Auschwitz mit einer satanischen Präzision. Ihre Spuren glaubte die SS-Mannschaft bei ihrem Abzug durch die Vernichtung der Lagerakten verwischt zu haben. Doch sie konnten nicht alle Spuren beseitigen. Denn Dokumente über das Wirken des Vernichtungslagers Auschwitz gab es an vielen Stellen in Deutschland und den von den Deutschen besetzten Gebieten. An zu vielen Stellen, wie sich bald herausstellte. In Polen fand man bergeweise Akten bei den örtlichen, von den Deutschen eingerichteten SS- und Polizeigerichten. Die Russen fanden bei ihrem Einmarsch in Berlin fast lückenlos die Personalunterlagen des Reichssicherheitshauptamtes. Überall machten sich Menschen daran, diesen Nachlass des Konzentrationslagers zu ordnen, zu sichten und auszuwerten. Das Internationale Auschwitz-Komitee wurde gegründet. Überlebende Häftlinge der verschiedensten Nationalitäten begannen ihre Aussagen zu Protokoll zu geben, Aussagen über jene Bestien in Menschengestalt. Doch jeder hatte nur einen Teil des Gesamtbildes. Keiner war im Stande, die große Endabrechnung mit Auschwitz vor den Schranken eines ordentlichen Gerichtes vorzunehmen.

Bis die Justizminister der deutschen Bundesländer eines Tages zusammenkamen, um dieser ungezielten Arbeit ein Ende zu bereiten. Sie gründeten die Zentrale Stelle zur Aufklärung der nationalsozialistischen Verbrechen in Ludwigsburg. Alle Unterlagen über die von Deutschen eingerichteten Konzentrationslager wurden hier gesammelt. Unter der Leitung eines Oberstaatsanwaltes machte sich eine Handvoll von Fahndungsbeamten daran, den strafrechtlichen Nachlass des Hitler-Regimes prozessreif zu machen. Die Akte Auschwitz, die es bald in Ludwigsburg gab, war bald keine Akte mehr, sondern ein Zimmer voll Papier, voller Mord, Gewalttat und Grauen. Ob es wohl die Ungeheuerlichkeit der Auschwitz-Dokumente gewesen ist, die fast alle deutschen Generalstaatsanwälte davor zurückschrecken ließ, sich zur Abwicklung eines großen, umfassenden Auschwitz-Prozesses bereit zu erklären? Tatsache ist jedenfalls, dass die Zentrale Stelle in Ludwigsburg längere Zeit vergeblich versuchte, auch nur einen Staatsanwalt irgendeines Bundeslandes zur Abwicklung des Verfahrens zu überreden. Der Einzige, der sich freiwillig bereit erklärte, der hessische Generalstaatsanwalt Dr. Fritz Bauer, scheiterte mit seinen Bemühungen zunächst an der Frage der Zuständigkeit. Keines der Dokumente betraf eine auf hessischem Boden ansässige Person.

Es ist einem beinahe lächerlichen Zufall zu verdanken, dass die Mörder von Auschwitz nun doch im nächsten Jahr vor den Schranken des Schwurgerichtes in Frankfurt stehen werden. In den ersten Januartagen saß der Redakteur einer Frankfurter Tageszeitung zu einer Besprechung bei dem siebzigjährigen Emil Wulkan, einem überlebenden Häftling des Lagers Auschwitz.[2] Wulkan hatte sich an den Journalisten gewandt, weil er sich von diesem Hilfe in einer Wiedergutmachungsangelegenheit erhoffte. Am Ende dieses Gespräches bereitete der alte Konzentrationär dem Journalisten eine etwas makabre Überraschung. Mit den Worten: „Das habe ich mir als Andenken aufgehoben", nahm er ein Bündel Papiere vom Schreibtisch.

---

[2] Am 21. April 1959 wurde Emil Wulkan im Auftrag der Zentralen Stelle von Beamten des baden-württembergischen Landeskriminalamts in Frankfurt am Main vernommen. Wulkan machte keine Angaben über eine Haft in Auschwitz. Er führte aus: „Als Schwerverwundeter des Ersten Weltkrieges wurde ich als Inspektor des Jüdischen Krankenhauses in Breslau bis auf weiteres von Transporten in Konzentrationslager zurückgestellt. Erst im Jahre 1945, im Januar, sollte ich in das KZ Groß-Rosen eingeliefert werden. Während des Fußmarsches dorthin gelang es mir zu entkommen." (Fritz Bauer Institut, Hauptakten 4 Ks 2/63, Bd. 1a, Bl. 25)

„Vielleicht können Sie als Zeitungsschreiber etwas damit anfangen", meinte Wulkan. Der Frankfurter Redakteur warf einen Blick darauf und wusste genug. Bereits eine Stunde später saß man in der Staatsanwaltschaft im Frankfurter Oberlandesgericht über den Papieren. Was da vor Generalstaatsanwalt Dr. Fritz Bauer und seinen Mitarbeitern lag, waren die ersten im Original gefundenen Erschießungslisten der Auschwitzer Kommandantur. Dokumente, die rund 40 SS-Leute als Mörder von etwa der dreifachen Anzahl von Häftlingen auswiesen und von dem berüchtigten Lagerkommandanten Höß unterschrieben waren. Wenig später hatte Dr. Bauer beim Generalbundesanwalt die Fahndung veranlasst und nur ein paar Tage danach war es klar, dass das Schlusskapitel zu der grausigen Geschichte von Auschwitz von den Richtern in Frankfurt geschrieben werden würde.[3]

In einer schmalen Seitenstraße der Frankfurter Zeil sitzen in den bescheidenen Räumen einer Wohnungsetage zwei Staatsanwälte, ein Kriminalbeamter und eine Stenotypistin. Die beiden Staatsanwälte[4] sind jung, sie erlebten das Hitler-Regime nur in den letzten Jahren mit vollem Bewusstsein. Aber es gibt wohl kaum einen Menschen in der heutigen Bundesrepublik, der besser über die schaurige Kehrseite des „3. Reiches" Bescheid wüsste, wie diese zwei jungen Leute. Seit sie die Mammutaufgabe gestellt bekamen, den Prozess gegen die Henker von Auschwitz für die Anklage vorzubereiten, haben sie oft schlecht oder gar nicht geschlafen, Tausende von Kilometern mit dem Wagen, der Bahn und dem Flugzeug zurückgelegt, die Aussagen vieler hundert Menschen protokolliert und ausgewertet. Vor ihren Augen breitet sich seit nunmehr eineinhalb Jahren das „Arbeitsergebnis" der Todesmühlen aus. In den Akten, die sie anlegen, geht der

---

[3] Bauer veranlasste beim Generalbundesanwalt eine Gerichtsstandsbestimmung. Der Bundesgerichtshof bestimmte im April 1959 das Landgericht Frankfurt am Main, die Untersuchung und Entscheidung in der Strafsache gegen Auschwitz-Täter durchzuführen.
[4] Georg Friedrich Vogel (1926 – 2007) und Joachim Kügler (1926 – 2012).

Mord um und aus dem Munde der Zeugen, die zu ihnen nach Frankfurt kommen, hören sie vom Jammer und vom Ende unschuldiger Menschen. Fragt man sie danach, ob man bei diesem Übermaß an Entsetzen nicht eines Tages abstumpft, gleichgültig wird, so bekommt man die Antwort: Nein! Niemals. Die beiden Staatsanwälte Vogel und Kügler wissen genau, was ihre Arbeit bedeutet: die Abrechnung mit dem größten Verbrechen unseres Jahrhunderts. Von den kleinen Räumen dieser Wohnungsetage in Frankfurt aus jagte man in den letzten eineinhalb Jahren nach tausend Mördern.

Sechs- bis siebentausend Angehörige von Himmlers SS sind im Laufe der vier Jahre in Auschwitz als Wachmannschaften eingesetzt gewesen.[5] Es bestand bei ihnen ein ständiger Wechsel. Nur wenige waren während der ganzen Zeit im Lager tätig. Sechs- bis siebentausend SS-Leute mussten gesucht, geprüft und gesiebt werden. Bei rund tausend von ihnen fanden die beiden Staatsanwälte genauere Hinweise. Die Suche nach ihnen innerhalb der Bundesrepublik und West-Berlins zeigte bald, dass in rund 200 Fällen das aufgefundene Material zu Mord- und Totschlagsanklagen ausreichen würde. Rund die Hälfte davon hat sich noch während des Krieges durch einen Tod vor dem Feinde der Verantwortung entziehen können. Vierzig bis fünfzig werden Mitte nächsten Jahres nach vorliegenden Schätzungen voraussichtlich in Frankfurt als Mörder und Totschläger auf der Anklagebank sitzen. Der größten Anklagebank, die es je in einem deutschen Gerichtssaal gab. Diese Männer waren es, die die Geschichte von Auschwitz mit dem Blut ihrer Mitmenschen schrieben – eine Geschichte, die am 1. März 1940 mit einer Besichtigung begann.

An diesem Tage kletterte eine Gruppe von SS-Offizieren aus dem Zug, der die kleine Nebenstrecke von Myslowitz nach Krakau befährt. „Lausiges Drecknest – nischt als Polacken

---

[5] Die Auschwitz-Forschung geht von 8000 SS-Angehörigen aus, die in den Jahren 1940 bis 1945 in Auschwitz und seinen 40 Nebenlagern tätig gewesen waren.

und Juden", knurrte einer von ihnen, während die Gruppe auf dem Bahnsteig auf das Ausladen des Gepäcks wartete. „Jenau deswegen sind wir ja hier", meinte ein anderer. „Jenau das richtige Gelände für jede Menge Endlösung, Sturmbannführer." Die Offiziere gingen schnell durch die Bahnhofstür und stiegen auf dem schmutzigen Vorplatz in den bereitstehenden Kübelwaren.

Wenig später durchschritt der vom Inspekteur der Konzentrationslager, Richard Glücks, zur Lokalbesichtigung kommandierte Sturmbannführer Walter Eisfeld mit vier SS-Offizieren zum ersten Mal das Gelände mit den alten österreichischen Kasernen, das später unter dem Namen „Auschwitz-Stammlager" in der ganzen Welt berüchtigt sein sollte. Eisfeld untersuchte gründlich. Bis hinunter zur Sola, einem Nebenfluss der Weichsel, prüften seine Leute jeden Quadratmeter Boden, untersuchten jeden Winkel, zeichneten Lagepläne für Barackenbauten, zogen Striche, die später elektrisch geladene Stacheldrahtverhaue wurden, zeichneten Rechtecke, die später zu maschinengewehrbestückten Wachtürmen wuchsen. Bei einem Bummel durch das kleine, verschlafene Landstädtchen Auschwitz sah sich Eisfeld nach Erweiterungsmöglichkeiten um, besuchte die Judenwohnviertel und notierte in sein Taschenbuch: „Größere Mengen jüdischen Menschenmaterials in A. ansässig. Jederzeit als Arbeitskräfte zum Aufbau eines Lagers einsetzbar. Die Wohngebiete danach zur Erweiterung des Lagers verwendbar."

Sechs Wochen später, am 18. April 1940, betrat der Mann zum ersten Male den Boden von Auschwitz, dessen Name unlösbar mit den Krematorien und Gaskammern des Konzentrationslagers verknüpft ist: Rudolf Höß. Noch einmal hielt sich eine Gruppe von SS-Offizieren mehrere Tage in Auschwitz auf. Diese Gruppe ging noch erheblich gründlicher zu Werke als die Leute Eisfelds. Bald stand auf dem Platz zwischen den österreichischen Kasernen ein Kartentisch, Messtischblätter lagen aus und die Männer mit dem Totenkopf auf der Mütze zeichneten Fluchtlinienpläne in die Karten ein, diskutierten und ruderten mit den Armen. Keiner der neugierigen Bürger von Auschwitz, die sich eingefunden hatten, um sich das seltsame Treiben der Deutschen zu betrachten, hatten eine Ahnung, dass in diesem Augenblick Rudolf Höß, der erste Kommandant von Auschwitz, der „Konstrukteur der Todesmühlen", durch eine genaue Planung den Grundstein für das größte Vernichtungslager aller Zeiten legte.

Der Plan, den Rudolf Höß bei seinem Aufenthalt in Auschwitz im April 1940 für den Bau des Konzentrationslagers aufstellte, fand den ungeteilten Beifall Himmlers. Bereits wenige Tage später, am 27. April, lag auf Grund des Höß-Berichtes der Himmler-Befehl zur Einrichtung des Lagers vor. Am 29. April machte der Inspekteur der Konzentrationslager im Reichssicherheitshauptamt, Glücks, den „Konstrukteur von Auschwitz" zum Kommandeur des neuen Lagers und am 30. April traf Höß bereits mit einem Voraustrupp von fünf SS-Männern auf dem Lagergelände ein.

Nur einen Tag später begann das Verhängnis für die Juden der Stadt. In den frühen Morgenstunden setzte sich eine Gruppe von Fahrzeugen von den österreichischen Kasernen aus in Bewegung. Die Insassen dieser Wagen waren SS-Leute. Sie trugen schussfertige Maschinenpistolen unter dem Arm. Die Wagenkolonne fuhr langsam zur Stadt, bog über den Marktplatz und nahm Kurs auf das Judenviertel.

Das Ausheben der ersten dreihundert jüdischen Arbeitskräfte dauerte nur knapp eine Stunde. Die SS-Mannschaften sperrten mit ihren Fahrzeugen jeweils die beiden Enden einer Straße, andere traten die Haustüren ein und trieben die Männer mit Kolbenschlägen hinaus zu den wartenden Lastwagen. Bei dieser ersten Aktion der SS von Auschwitz gab es auch die ersten Toten. Einige ältere Männer, die plötzlich von einem Wagen hinuntersprangen und laufend in den Schutz ihrer Häuser zu flüchten versuchten, brachen nach wenigen Metern unter dem Feuer der Maschinenpistolen zusammen. Für die acht Erschossenen holten zwei SS-Schützen fluchend acht weitere Männer aus den Häusern heraus und verluden sie auf die Lastwagen. Genau 55 Minuten nach ihrem Eintreffen setzte sich die Wagenkolonne wieder in Richtung auf das Lager in Bewegung. Die dreihundert Rekrutierten richteten in den nächsten Wochen Baracken auf, bauten den ersten Stacheldrahtzaun und zimmerten einen Teil der Wachtürme, die Sturmbannführer Eisfeld bei der ersten Inspektion des Geländes auf seiner Karte eingezeichnet hatte. Von diesen ersten Opfern der Todesmühlen hat kein Einziger das Kriegsende erlebt. Ihre Familien, die später, als das Judenviertel von Auschwitz völlig evakuiert wurde, ebenfalls ins Lager kamen, gingen ohne Ausnahme den Weg durch die Gaskammern und das Krematorium.

Am 20. Mai 1940 begann das Lager offiziell mit der „Arbeit". Der erste SS-Rapport-Führer Gerhard Palitzsch traf mit 30 von ihm ausgewählten Häftlingen in Auschwitz ein. Dreißig Gefangene aus dem KZ Sachsenhausen, die wegen schwerer krimineller Verbrechen zu „Schutzlager" verurteilt waren. Sie erhielten die Häftlingsnummern 1 bis 30. Palitzsch wusste, warum er ausgerechnet diese Gruppe von Männern zuerst ins Lager schaffen ließ. Die Brutalität der von ihnen begangenen Verbrechen ließ nämlich in den Augen der SS darauf schließen, dass sie in der gleichen Art auch mit dem zu erwartenden Masseneingang an politischen und jüdischen Häftlingen „fertig" würden. Die Nummer eins von ihnen, Bruno Brodniewitsch, wurde zum Lagerältesten ernannt, die anderen machte Palitzsch zu Blockältesten und Kapos.

Am gleichen Tag traf auch die erste Verstärkung der Wachmannschaften ein. 15 SS-Dienstgrade von einer Kavallerieabteilung aus Krakau richtete sich in den für sie von den Auschwitzer Juden erstellten, außerhalb des Zaunes gelegenen Baracken häuslich ein. Am 14. Juni 1940 begannen sich dann die Todesmühlen von Auschwitz zu drehen. Ein erster großer Transport von 728 Polen wird an der Rampe, dem toten Gleis, das vor dem Lagertor endet, ausgeladen. Weitere 100 SS-Leute beziehen die Baracken der Wachmannschaften. Von diesem Tage an rollt, entsprechend der von Hitler befohlenen Endlösung der Judenfrage, Transport auf Transport nach Auschwitz.[6] In dem Vernichtungslager stirbt ganz Europa. Im Baedeker dieser Zeit steht nur Dürftiges über die Stadt, deren Name nunmehr geflüstert von Mund zu Mund ging, wenn irgendwo im „Reich" SS-Leute ein Haus betraten, um Menschen an einen unbekannten Ort und in ein ungewisses Schicksal zu schleppen. „Die Bahn nach Krakau", so heißt es da, „führt nordöstlich weiter über Auschwitz (348 Kilometer von Wien), eine Industriestadt von 12 000 Einwohnern, ehemals Hauptort der Piastenfürstentümer von Auschwitz und Zator (Hotel Zator 20 Betten), von wo eine Nebenlinie über Skavina nach Krakau führt (60 km in drei Stunden)." Als 1943 veröffentlichter Reiseführer war der Baedeker wohl gezwungenermaßen etwas zu wortkarg. Denn einmal konnte man vom Auschwitz dieser Zeit aus immerhin nach Osten hin einen Wald von Fabrikschloten und nach Süden die schneebedeckten Gipfel der hohen Tatra sehen. Von dem Tage an jedoch, wo der Name Auschwitz eine andere, schreckliche Bedeutung erhielt, gab es für die im Eisenbahnzug vorbeifahrenden Reisenden eine andere Beobachtung zu machen: von den Fenstern des Personenzuges aus, der zwischen Auschwitz und Krakau verkehrte, konnte man im Vorbeifahren die rauchenden Schlote des Lagerkrematoriums sehen.

Die Schlote des Krematoriums rauchten ab Juli 1940. Nachdem die „natürliche" und sonstige Sterbequote des Lagers unaufhaltsam anstieg – Seuchen, Entkräftung und Gewalttaten der SS-Wachen waren die wirklichen Ursachen –, hatte Höß angeordnet, einen alten Munitionsbunker des österreichischen Kasernengeländes als Krematorium umzubauen. Wie „preußisch-genau" Höß hierbei vorging, ist noch

---

[6] Die Holocaust-Forschung geht davon aus, dass die Entscheidung zur Vernichtung der europäischen Juden frühestens Ende 1941 fiel.

heute aus einem spezifizierten Angebot zu ersehen, das er sich hierfür von einer thüringischen Ofenbaufirma[7] kommen ließ. Später, als die Firma den Auftrag zugesprochen erhielt, achtete Höß genau darauf, dass der Kostenvoranschlag auch nicht um einen Pfennig überschritten wurde. Die Vernichtungsmaschinerie von Auschwitz war komplett. Sie begann mit einer teuflischen Präzision zu arbeiten.

Weg in den Tod

Es klingt wie ein blutiger Hohn, wenn man die entsprechenden Abschnitte in den Aufzeichnungen des Lagerkommandanten Rudolf Höß liest, die jener kurz vor seinem Tode in einem polnischen Gefängnis zu Papier brachte. „Von vornherein war mir klar", so notierte Höß, „dass aus Auschwitz nur etwas Brauchbares werden könne, durch unermüdlich zähe Arbeit aller, vom Kommandanten bis zum letzten Häftling. Um aber alle für die Aufgabe einspannen zu können, musste ich mit allem Herkömmlichen, mit allen zur Tradition gewordenen Bräuchen am KZ brechen. Wenn ich von meinen Führern und Männern das Möglichste an Leistungen verlangen musste, so musste ich mit gutem Beispiel vorangehen." In diesen Zeilen ist es zu spüren, jenes Phänomen, vor dem alle Richter, alle Menschen unserer heutigen Zeit stehen, wenn sie sich mit der Psychologie jener SS-Männer von Auschwitz beschäftigen müssen. Auf der einen Seite zu Handlungen voll bestialischer Brutalität fähig, kalt, unbeugsam und unmenschlich. Auf der anderen jedoch „treue Beamte" jenes Staates, voller beruflichem Ethos, bis zum Hals angefüllt von der Moral hündischer Pflichterfüllung. Ihr Familienleben war oft vorbildlich. Die Hand, die am Tage eine Pistole hielt, um einem Häftling ins Hirn zu schießen, bemühte sich am Abend im kleinen Schrebergarten um ein geknicktes Stiefmütterchen, liebkoste Tiere und strich weich über Kinderköpfe. Eine Form von

---

[7] Die Erfurter Firma Topf und Söhne erbaute die Krematorien in Auschwitz.

Spaltungsirresein, die bei den NS-Machthabern und ihren Schergen sehr häufig war ...

Was sind das für Menschen gewesen, die daran schuld sind, ist wohl die Frage, die sich jeder stellt, der diese Zeugenaussage anhören muss. Was sind das für Menschen, fragen auch die beiden jungen Staatsanwälte in der Frankfurter Hammelsgasse immer wieder, die in diesen Tagen die Hinterlassenschaft von Auschwitz aufarbeiten und für den großen Prozess vorbereiten müssen. Was muss das für ein Mensch sein – diese Frage stand in den letzten Wochen am Ende einer ganzen Reihe von Vernehmungen, die die Staatsanwälte Kügler und Vogel im Frankfurter Untersuchungsgefängnis mit dem ehemaligen SS-Oberscharführer Wilhelm Boger durchführten. Denn dieser Wilhelm Boger, Jahrgang 1906, ein „alter Kämpfer", der auf Veranlassung der Ludwigsburger Zentralen Stelle zur Aufklärung der nationalsozialistischen Verbrechen bereits im Oktober 1958 verhaftet wurde, erinnert sich an nichts. Er erinnert sich nicht daran, dass er einer der schrecklichsten Peiniger der Auschwitzer Häftlinge war. Er erinnert sich nicht daran, dass er zu den „erfolgreichsten Experten" der politischen Abteilung der Kommandantur von Auschwitz zählte. Grauenhafte Zeugenaussagen liegen bei der Frankfurter Staatsanwaltschaft vor, die auch dann für ein „Lebenslänglich" ausreichen werden, falls Wilhelm Boger sein verloren gegangenes Gedächtnis nicht zurückbekommt. Hier ist die Zeugenaussage des Polen Henryk Bartoszewicz: „Am 25.9.1943 wurde eine Reihe polnischer Häftlinge, die hohe Offiziere in der polnischen Armee waren, im Lager von Boger verhaftet. Die Verfolgung illegaler Widerstandsgruppen und vor allem der polnischen Widerstandsbewegung war Bogers wichtigste Aufgabe. Unter den Verhafteten befand ich mich auch. Boger führte das Verhör aller selbst durch. Nahezu alle Polen dieser Gruppe wurden dann auf Bogers Veranlassung an der Wand erschossen. Unter ihnen waren drei Obersten, zwei Majore und ein Graf Potocki."

Ein anderer österreichischer Zeuge beschreibt eine besondere Art von „Körperertüchtigung", der sich Boger häufig hinzugeben pflegte: „Die Schaukel ist die beliebteste Folter der politischer Abteilung. Der Häftling muss sich mit angezogenen Knien auf den Boden setzen. Seine Hände werden ihm vorn gefesselt und über die Knie gezogen. Unter die Kniekehlen, aber über die Unterarme, stecken sie eine Stange. An dieser Stange wird der Häftling aufgehängt, den Kopf nach unten. Dann schaukeln sie ihn und bei jedem Schwung bekommt er einen Schlag auf das Gesäß. Das alles könnte man aushalten, aber das Schlimmste ist, dass der Boger, der berüchtigte Scharführer der politischen Abteilung, selbst die Peitsche führt."

Oberscharführer Boger, gegen den insgesamt 103 Zeugenaussagen vorliegen, Aussagen, in denen von Morden, Misshandlungen und seiner Teilnahme an Selektionen an der Rampe gesprochen wird, Oberscharführer Boger erinnert sich heute nicht mehr daran. Er kehrte ungeschoren aus dem Kriege zurück, zu seiner Familie, ging einer Arbeit nach als Facharbeiter in einer Stuttgarter Fabrik – er war ein wirtschaftswunderlicher Biedermann, unauffällig, farblos und bei der Nachbarschaft völlig unbescholten. Doch die Überlebenden von Auschwitz haben ihn niemals vergessen. Einer von ihnen, in seinem früheren Beruf war er Pressezeichner, zeichnete ihn während des Appells, gedeckt durch die Leiber von Mithäftlingen. Zeichnete ihn genauso, wie er aussah: ein brüllendes Stück Mensch in einer Uniform, mit einem Affengesicht – stupid, eingebildet und dumm, wie ein Schimpanse auf dem Fahrrad sitzend, mit dem er seinerzeit durch das Lager zu fahren pflegte. Diese Zeichnung und die ausgezeichnete Erinnerung, die die Überlebenden von Auschwitz an ihn hatten, machten Bogers bürgerliche Tarnung zunichte. Seine Adresse wurde 1958 von einem Häftling der Staatsanwaltschaft mitgeteilt.[8] Er wird zu den Hauptangeklagten des großen Frankfurter Auschwitz-Prozesses gehören – er neben den anderen, über die dieser Bericht noch sprechen wird. An einem sonnigen Tag im Juni 1941 besteigt in dem kleinen Bahnhof von Auschwitz eine Gruppe von SS-Offizieren in Extrauniformen den Personenzug nach Kattowitz. Rudolf Höß, der Kommandant von Auschwitz, geht mit seinem persönlichen Adjutanten und zwei weiteren SS-Offizieren noch einmal die Punkte durch, die er sechs Stunden später in Berlin, dem Chef der SS, Heinrich Himmler, vortragen will.

In dem Gespräch mit Himmler, das am gleichen Abend in Berlin stattfindet, kommt es zur endgültigen Festlegung der Methoden, mit denen zukünftig gearbeitet werden soll. Als Höß wieder in Auschwitz eintrifft, hat er den Befehl zur Massenvernichtung der Juden und „zum Bau geeigneter Anlagen" in der Tasche. Während die hierfür ausgesuchten Experten der SS noch über den Plänen für diese Anlagen beraten, beginnt im Keller des Blocks 28 eine „provisorische Aktion" der Massentötung. SS-Leute injizieren kranken und arbeitsunfähigen Häftlingen Wasserstoffsuperoxyd, Benzin, Evipan und Phenol. Zuerst verabreichen sie diese Spritzen intravenös. Später geht man dazu über, Phenol den Häftlingen direkt ins Herz zu spritzen. Bei dieser Aktion betritt in Auschwitz ein Mann die Bühne, der heute mit Sicherheit mit einem „Lebenslänglich" rechnen muss.

Der Abspritzer von Auschwitz

Als man ihn vor drei Monaten in Braunschweig verhaftete, führte er dort das Leben eines biederen Tischlers. In seiner Umgebung wusste keiner von seiner Vergangenheit. Während der vielen Vernehmungen hat der 56-jährige Josef Klehr bis zur Stunde nur zugegeben, bei der „Abspritzung" von Häftlingen mit anwesend gewesen zu sein. Eine Teilnahme an den Morden bestreitet er. Der polnische Zeuge Julian Kiwala gab

---

[8] Mit Schreiben vom 1. März 1958 erstattete der ehemalige Auschwitz-Häftling Adolf Rögner bei der Stuttgarter Staatsanwaltschaft Anzeige gegen Boger.

vor den Frankfurter Staatsanwälten über Klehr zu Protokoll: „Ich musste als Pfleger die ausgesuchten Häftlinge auf Block 20 bringen. Zweimal musste ich auch bei solchen Spritzungen anwesend sein. Im ersten Zimmer rechts vom Eingang war Klehr. Die Kranken mussten auf dem Gang warten. Sie hatten eine Decke umgewickelt. Einer nach dem andern musste zu Klehr hineingeführt werden und musste sich dort auf den Tisch legen. Eine Hand wurde an den Tisch mit einem Lederriemen angeschnallt. Klehr hat mit einer 20-ccm-Spritze intravenös Phenol eingespritzt. Da auf der Flasche, aus der Klehr die Injektionsflüssigkeit entnahm, ,Phenol' stand, ist mir das bekannt. Er hat jedem Opfer etwa 2 – 3 ccm injiziert, dann hat er dieselbe Spritze für das nächste Opfer verwandt. Die Opfer sind meiner Beobachtung nach etwa eine halbe Minute später unter Zittern gestorben. Meiner Schätzung nach hat Klehr mehrere hundert Mal solche Spritzungen durchgeführt." Wenig später, nachdem der Zeuge bei diesen Vorgängen anwesend war, stellte Klehr seine „Arbeitsweise" um. Er tötete seine Opfer durch direkte Injektionen ins Herz. Lagerleitung und SS-Personal betrachteten jedoch diese „umständliche" Tötungsweise als viel zu langsam für den von Himmler befohlenen Plan der „Massenvernichtung". Auch die physische Kraft eines „Abspritzers" vom Schlage Klehr war zu begrenzt. Die Pläne zum Bau ausreichender Anlagen waren inzwischen teilweise in die Tat umgesetzt worden. Am 03.09.1941 machte man einen ersten Versuch mit dem neuen „Verfahren". Auf Befehl der SS brachten Pfleger 250 Kranke aus dem Häftlingskrankenbau in die Kellerzellen von Block 11. Dazu trieben SS-Mannschaften 600 russische Kriegsgefangene aus Auschwitz-Birkenau. Eine Gruppe von Häftlingen bekam den Auftrag, die Kellerfenster von außen mit Erde abzudichten. Einige SS-Leute schütteten durch eine Öffnung kristallisiertes Zyklon B ein und machten die Kellertüren dicht. Am nächsten Morgen war aus den Kellern kein Laut mehr zu hören. Der SS-Rapportführer Palitzsch streifte sich eine

Gasmaske über den Kopf. Dann ließ er die Türen öffnen. Einige der Menschen, die in den Kellern so übereinander lagen, wie sie unter dem Einfluss des Gases zusammensanken, gaben noch Lebenszeichen von sich. Palitzsch ließ die Türen wieder schließen und ein weiteres Quantum Zyklon B einschütten.

Am Abend des 5. September 1941 wurden 20 Häftlinge der Strafkompanie im Block 5a und einige Pfleger des Häftlingskrankenbaues auf den Hof von Block 11 geführt. Unter wüstem Fluchen machten ihnen die SS-Wachen klar, dass sie zu einer besonderen Arbeit beordert seien und bei Todesstrafe niemand erzählen dürften, was sie gesehen hätten. Ferner versprach man ihnen nach dieser Arbeit eine größere Lebensmittelration. An die Häftlinge wurden Gasmasken ausgeteilt und ihnen befohlen, in den Keller zu gehen und die Leichen der Vergasten auf den Hof hinauszutragen. Dort zog man den sowjetischen Kriegsgefangenen die Uniformen aus und warf die Leichen auf Transportwagen. Bis nachts dauerte der Transport der Opfer zum Krematorium.

Rudolf Höß meldete am nächsten Tag an Himmler, dass der „Versuch mit Zyklon B zu voller Zufriedenheit" verlaufen sei. Alle Häftlinge aus den neu ankommenden Transporten, die nach Ansicht der SS-Ärzte zu krank oder zu schwach für die Arbeit waren, wurden von nun an bereits draußen an den Bahngleisen zur Gaskammer ausgesondert. Das notwendige Gas für die inzwischen „technisch vervollkommneten" Gaskammern lieferte eine Frankfurter „Gesellschaft zur Schädlingsbekämpfung".[9] Es war die „billigste" Tötungsart, die jemals in den deutschen Konzentrationslagern entwickelt wurde. In die große Gaskammer von Auschwitz wurden jeweils 2000 Menschen hineingepresst. Zu ihrer Tötung waren 12 Kilogramm Zyklon B notwendig. Das Kilo dieses Giftgases verkaufte die Frankfurter Gesellschaft für 5 Reichsmark. Nur 60 Reichsmark kostete es die SS, 2000 unschuldige Menschen

---

[9] Die „Deutsche Gesellschaft für Schädlingsbekämpfung" (DEGESCH) mit Sitz in Frankfurt am Main lieferte das Giftgas Zyklon B.

in den Gaskammern von Auschwitz umzubringen. Die SS nannte diese ungeheuerlichen Vorgänge Desinfektion. Josef Klehr wurde bald von dieser „schweren Arbeit" befreit und zum Chef des „Desinfektionskommandos" ernannt.

Um sich der vielen Toten ohne Spuren entledigen zu können, rief die SS das so genannte „Sonderkommando" ins Leben. Die Häftlinge dieses Kommandos hatten die Toten zu bestimmten Plätzen außerhalb des Lagers zu bringen und dort zu verbrennen. Die Leichen wurden wie Holzstöße aufgeschichtet, mit Öl übergossen und angezündet. Es war die grauenhafteste Arbeit, die jemals in Auschwitz von Häftlingen getan werden musste. Niemand, weder die SS noch die überlebenden Häftlinge glaubten, dass die Arbeit des „Sonderkommandos" jemals fotografiert wurde. Erst wenige Monate, bevor dieser Bericht geschrieben wurde, fanden Beauftragte des Auschwitz-Komitees Aufnahmen dieser schauerlichen Vorgänge. Ein Häftling, der im Dachdeckerkommando arbeitete, hatte in einem günstigen Augenblick einen Einbruch in die Effektenkammer unternommen, wobei ihm ein Fotoapparat und Filme in die Hände fielen. Der Mann baute in seinen Teereimer einen doppelten Boden ein, in dem er die Kamera versteckte. Während er in Auschwitz-Birkenau das Dach einer Baracke teerte, machte er, gedeckt von zwei Freunden, die Aufnahmen von der Arbeit des „Sonderkommandos". Sie gehören mit zu den wichtigsten Beweismitteln der Frankfurter Staatsanwaltschaft.

Zur gleichen Zeit, in den Jahren 1941 bis 1943, gewann auch ein anderer SS-Mann, der heute in Frankfurt auf sein Urteil wartet, eine unheilvolle Bedeutung für die Häftlinge von Auschwitz: Der SS-Unterscharführer Oswald Kaduk. Der polnische Rechtsanwalt Ryszard Vogel aus Lodz sagte aus: „Sowohl beim Ausmarsch als auch beim Einmarsch des Kommandos ins Lager suchte er sich seine Opfer aus, die er ohne jeden Grund auf das grausamste misshandelte. Meistens endeten solche Misshandlungen mit dem Tode. Bei den

Selektionen saß Kaduk auf einem Stuhl und entschied, wer vergast werden sollte. Wir waren eine Gruppe von 300 Häftlingen, die dafür bestimmt waren. Als es Nacht war, retteten mich Freunde. Alle anderen sind am nächsten Tage in die Gaskammer transportiert worden."

Der gute Vater Kaduk

Kaduk war wegen seiner Zugehörigkeit zur SS nach dem Kriege bereits im Osten in Haft. Man stellte dabei jedoch keine Einzelheiten über seine Tätigkeit in Auschwitz fest. Nach seiner Entlassung gab er sich in West-Berlin als „politischer Häftling" aus und arbeitete ab 1. August 1956 als Krankenpfleger im Hospital Tegel-Nord. In der Campestraße. Seine Arbeitskollegen haben über ihn und seine Tätigkeit nur Gutes zu berichten. „Bei den Kranken war er sehr beliebt", sagte der Pförtner Hans Sefkow. „Die Patienten nannten ihn nur ‚Vater' wegen seiner ruhigen, väterlichen Art." Die Oberschwester des Hospitals fügte dem noch eine erheblich positivere Bemerkung hinzu. „Solche Krankenpfleger wie Oswald Kaduk sind selten", meinte sie. Es erscheint wie ein grausamer Witz, wenn man sich vorstellt, dass ein Mann von Patienten eines Berliner Krankenhauses „Vater" genannt wird – der gleiche Mann, der 15 Jahre zuvor Hunderte von armen, kranken und unschuldigen Menschen in die Gaskammern von Auschwitz jagte. Die Überlebenden von Auschwitz fassen sich verständnislos an den Kopf, wenn sie bei Vernehmungen in Frankfurt von den beiden Staatsanwälten, die den großen Prozess vorbereiten, erfahren, in welch raffiniert-harmloser Weise ihre ehemaligen Peiniger unerkannt die Nachkriegsjahre verbracht haben. Ob es der Fall des ehemaligen Giftgasverwalters von Auschwitz ist, der nach dem Kriege eine gut gehende Apotheke und Pharmazie betrieb, oder der des ehemaligen Schutzhaftlagerführers Hofmann, der als unbescholtener Bürger seinem Erwerb in Bayern nachging, bis ihn die Kriminalpolizei wegen ungeheuerlicher Verbrechen in Natzweiler, Mauthausen und Auschwitz abholte.

Eine besondere Bewandtnis hat es mit dem ehemaligen SS-Unterscharführer der politischen Abteilung Klaus Dylewski. Obgleich gegen ihn insgesamt 25 Aussagen von Überlebenden des Lagers Auschwitz vorliegen, befindet er sich heute auf freiem Fuß. Der Pole Jan Krokowski, der im Kommando „Kommandanturreiniger" arbeiten musste und auch die Räume der politischen Abteilung reinigte, gibt an: „Dylewski hat nach meinen Beobachtungen selbst Vernehmungen durchgeführt und dabei auch gefoltert. Das konnte ich immer an den Blutspuren feststellen, die ich beim Reinigen des Zimmers entfernen musste." Der polnische Ingenieur Jan Pilecki, er war Blockschreiber im Bunkerblock 11, wo die Opfer der politischen Abteilung festgehalten wurden, erklärt: „Ich habe selbst gesehen, dass Dylewski an den periodischen Erschießungen im Bunker aktiv teilgenommen hat." Dylewski, der heute in Krefeld-Uerdingen, Augustastraße 8, auf den Prozess wartet, wurde aus der Untersuchungshaft entlassen, obgleich diese Beschuldigungen in dem Fall, wo sich ihre Richtigkeit bestätigen würde, für ein „Lebenslänglich" ausreichten.

Einige andere inzwischen gefundene ehemalige Mitglieder der SS-Mannschaft von Auschwitz haben sich bis zur Stunde einer Untersuchungshaft entziehen können, weil sie „Haftunfähigkeit infolge Krankheit" von ihrem zuständigen Arzt bescheinigt erhielten. Dieselben Menschen, die seinerzeit halbe Leichen nächtelang während des Winters nackt auf dem Appellplatz stehen ließen, Kranke als „unbrauchbares Material" erschossen oder mit Knüppeln totschlugen, berufen sich heute, wo endlich die Gerechtigkeit gegen sie ihren Lauf nehmen soll, darauf, wegen Krankheit nicht haftfähig zu sein. Nicht haftfähig für ein Gefängnis, dessen Innenausstattung gegen die Baracken und die Bunker von Auschwitz wie ein Sanatorium anmutet. Die beiden Staatsanwälte in Frankfurt werden bald im Stande sein, ihre Voruntersuchungen abzuschließen und Anklage gegen die Henker von Auschwitz zu erheben.[10] Fast alle der noch lebenden SS-Leute des Vernichtungslagers sind inzwischen gefunden und verhaftet worden. Aber nur beinahe alle. Einige wenige sind zurzeit noch unauffindbar. Diese wenigen jedoch sollen die Spitze des Gebäudes der Anklage bilden, weil sie als kommandierende Offiziere das größte Maß von Verantwortung für die Opfer von Auschwitz haben ...

Der Hauptangeklagte des großen Prozesses, der in diesen Tagen in Frankfurt gegen die überlebenden SS-Männer von Auschwitz vorbereitet wird, wurde bis zur Stunde noch nicht gefunden. Sein „Wirken" begann in dem Konzentrationslager erst spät. Erst im Jahre 1944 entdeckte jener Mann seine „Vorliebe" für den Posten eines KZ-Kommandanten. Dass ihm überhaupt diese Funktion vom Reichssicherheitshauptamt der SS übertragen wurde, hat eine Vorgeschichte, die damit begann, dass der erste Kommandant des KZ, Rudolf Höß, im November 1943 zur Inspektion der Konzentrationslager in Oranienburg versetzt wurde. An seine Stelle kam Obersturmbannführer Arthur Liebehenschel als Kommandant in das Lager.

Rudolf Höß, der nach einem Gerichtsverfahren in Warschau gehenkt wurde, hat in seinen letzten Aufzeichnungen aus dem Sichtwinkel eines „pflichtgetreuen SS-Offiziers" seinen Nachfolger Liebehenschel beschrieben. Die Aufzeichnungen von Höß machen klar, warum nach dem Eintreffen Liebehenschels ein Aufatmen durch die Häftlinge von Auschwitz ging. Der neue Kommandant, so schreibt Höß, sei ein reiner Büroarbeiter gewesen, der die Konzentrationslager nur vom Schriftverkehr gekannt und keine „praktische Erfahrung" besessen habe. Nur so sei sein „Versagen" als Kommandant zu erklären. Dieses angebliche „Versagen" Liebehenschels

---

[10] Vogel und Kügler schlossen Mitte 1961 das Ermittlungsverfahren ab und stellten beim Landgericht Frankfurt am Main Antrag auf Eröffnung der gerichtlichen Voruntersuchung. Der beauftragte Untersuchungsrichter Heinz Düx schloss im Oktober 1962 die Voruntersuchungssache und die Anklagebehörde legte im April 1963 die Anklageschrift vor.

war jedoch ein Segen für die Häftlinge. Kurz nach seinem Eintreffen kam es zur Entlassung sämtlicher im berüchtigten Bunker in Block 11 eingesperrten Gefangenen. Die Erschießungen an der schwarzen Wand wurden eingestellt. Dass Höß diese Maßnahmen ein „Versagen" nennen musste, war klar. Denn Höß war es gewesen, der im Auftrage Himmlers die Vernichtungsmaschinerie von Auschwitz in so perfekter Weise konstruiert hatte. Nach seiner Ansicht streute Liebehenschel durch die Milderung bestimmter Maßnahmen Sand in das Getriebe.

Es ist eine Ironie des Schicksals, dass ausgerechnet der „humanste Henker von Auschwitz" in die Fallstricke seines eigenen Systems geriet. Die Besserung für die Häftlinge war deshalb nicht von langer Dauer. Denn Liebehenschels persönliches Schicksal wurde schon bald mit dem seiner jüdischen Häftlinge verstrickt. Er geriet in Schwierigkeiten wegen des Nazi-Verbrechens der „Rassenschande". Anfang 1944 reichte der neue Kommandant beim Reichssicherheitshauptamt ein Gesuch auf Erteilung einer Heiratserlaubnis ein. Jedoch an dem „Vorleben" des Mädchens, mit dem sich der Obersturmführer verbinden wollte, haftete nach Ansicht des Rasseamtes ein Schandfleck. Die Nachprüfung der SS ergab nämlich, dass jenes Mädchen Jahre zuvor in Köln mit einem Juden eng befreundet war. In nächtelangen Verhören in einem Kölner Gestapokeller hatten Beamte der Geheimen Staatspolizei das Mädchen vernommen, körperlich und seelisch soweit zerbrochen, dass sie alles zugab, was ihre Peiniger von ihr verlangten. Wegen dieser im Nazi-Jargon „Rassenschande" genannten Freundschaft musste die Braut des SS-Obersturmführers für längere Zeit ins Gefängnis. Die hierüber vorliegenden Akten wurden jetzt dem neuen Kommandanten von Auschwitz zum Verhängnis. Liebehenschel weigerte sich, den ablehnenden Bescheid zur Kenntnis zu nehmen und forderte erneut die Genehmigung zur Heirat. Seine Braut wohnte bereits mit ihm in der Unterkunft des Stammlagers.

Zu diesem Zeitpunkt betritt jener Mann das KZ-Lager Auschwitz, nach dem zurzeit, als dem Hauptangeklagten des Frankfurter Prozesses, im gesamten Bundesgebiet und im Ausland gefahndet wird. Dieser Mann, der Sturmbannführer Richard Baer, ist für den größten Teil der Toten von Auschwitz verantwortlich. Unter seiner Leitung liefen die Todesmühlen auf Hochtouren.[11] Richard Baer beschloss, als er Auschwitz sah, koste es was es wolle, sein Kommandant zu werden. Und da Liebehenschel ja bereits Kommandant war, beschloss Baer, ihn möglichst schnell zu beseitigen. Dafür hielt er auch alle Mittel in der Hand. Denn Sturmbannführer Richard Baer war vom Reichssicherheitshauptamt nach Auschwitz geschickt worden, um den „Rassenschänder" Liebehenschel zur Vernunft zu bringen. Baer tat jedoch alles, um Liebehenschel nicht zur Vernunft kommen zu lassen. Was muss dieser Richard Baer, ein gelernter Bäcker aus Floss in der Oberpfalz, für ein Mensch gewesen sein, dass er sich nach dem Henkeramt des Kommandanten von Auschwitz drängte? Die verzweifelten Versuche Liebehenschels, sich sein Mädchen zu erhalten, münzte Baer in seinen Berichten an das Reichssicherheitshauptamt in Befehlsverweigerung, Beleidigung der Gestapo und der gesamtem SS um. Die Quittung für seinen Bericht hielt Baer bald in der Hand. Liebehenschel wurde nach Lublin strafversetzt und Auschwitz bekam einen neuen Kommandanten: Richard Baer.

Das Ende von Auschwitz

Mit Baer jedoch kam für Auschwitz der Anfang vom Ende. Zunächst jedoch sorgte Baer dafür, dass die „zu lahm" gewordene Vernichtungsmaschinerie noch einmal auf höheren

---

[11] Für die Durchführung der sogenannten Ungarn-Aktion, die Vernichtung der Juden aus Ungarn, war Rudolf Höß eigens im Mai 1944 von Berlin nach Auschwitz beordert und zum Standortältesten bestimmt worden. Richard Baer übernahm „die Dienstgeschäfte des Lagerkommandanten KL Auschwitz I" (Standortbefehle Nr. 11 und 15 vom 8. und 11. Mai 1944).

Touren lief. Er sorgte so gut dafür, dass nach kurzer Zeit das Gas für die Gaskammern knapp wurde und die Krematorien nicht mehr im Stande waren, die immer zahlreicher werdenden Häftlingsleichen zu verbrennen. Die Zahl der an der schwarzen Wand und im Bunkerblock 11 Getöteten stieg von Tag zu Tag und immer höher wurde auch die Zahl der willkürlich in den Lagergassen von angetrunkenen SS-Leuten Totgeschlagenen. Während im Häftlingskrankenbau und in den Schreibstuben als Schreiber eingesetzte Häftlinge mit den Radiogeräten ihrer Peiniger heimlich London und Moskau hörten, dabei erfuhren, dass die Alliierten von Ost und West immer näher auf das Herz Deutschlands zumarschierten, während sich in den Baracken bereits ein unterdrückter Jubel wegen der nun bald bevorstehenden Befreiung breit machte, empfing Baer einen Befehl des Reichssicherheitshauptamtes. Er legte diesen Befehl weisungsgemäß in seinen Stahlschrank – bereit, ihn auf eine Anweisung hin zu öffnen.

Diese Anweisung kam für Auschwitz an einem Januartag des Jahres 1945, als bereits der Geschützdonner der heranrückenden Front wie ein andauerndes Grollen die gewohnten Geräusche des Lagers zu übertönen begann. Während bereits die Panzerspitzen der sowjetischen Armee langsam von Krakau her entlang der Kleinbahnlinie in Richtung auf Auschwitz vorstießen, rüstete sich die SS-Mannschaft des KZ-Lagers unter Baers Befehl, die letzte, abschließende Anordnung des SS-Hauptmannes für Auschwitz auszuführen. In seinem Zimmer öffnete Baer befehlsgemäß die „Geheime Komandosache" und erfuhr durch sie Himmlers „Räumungsplan" für Auschwitz. Bei einer Kälte von über 30 Grad, bei hohem Schnee, begann das Ende des KZ-Lagers. Dieses Ende bedeutete zugleich den Tod einer großen Anzahl von Häftlingen. Alle Insassen der Baracken – alle jene, die bis zu dieser Minute den Gaskammern und Krematorien entgangen waren, in den Baracken bereits auf die Befreiung gewartet hatten, wurden auf dem Appellplatz zusammengetrieben. Unter dem persönlichen Kommando von Baer unterzog die SS-Mannschaft die noch lebende „Belegschaft" des Vernichtungslagers einer letzten gnadenlosen Selektion. Alle Häftlinge, die den zwischen den Reihen der Angetretenen wie Hunde hin- und herlaufenden „SS-Männern „nicht gehfähig" erschienen, wurden ausgesondert. Stundenlang knallten die Pistolenschüsse, mit denen die SS ihre Opfer in den Schnee streckte.

Unter dem Knall der gleichen Schüsse zog es der letzte Kommandant von Auschwitz, Sturmbannführer Richard Baer, vor, sich entgegen seinen Befehlen planmäßig „vom Feinde abzusetzen". Er bestieg einen geländegängigen Pkw und verschwand, angeblich, um in dem KZ-Lager Groß-Rosen alles für die Aufnahme der Auschwitzer vorzubereiten. Jedoch auch aus Groß-Rosen setzte sich Baer sehr bald ebenso planmäßig ab. Als es in Groß-Rosen wegen der andauernden Luftangriffe und Tieffliegerangriffe mulmig wurde, verstauchte sich Sturmbannführer Baer den Fuß und verschwand „zur Ausheilung" in der Steiermark. Die Suche nach ihm blieb bis heute fruchtlos.

So blieb Sturmbannführer Richard Baer bis zur Stunde der einzige Kommandant von Auschwitz, dessen Leben nicht am Galgen endete. Sein Vorgänger Liebehenschel jedenfalls, der „humanste" der Kommandanten, wurde genauso aufgehenkt wie Rudolf Höß, der Begründer des Lagers. Nachdem die SS-Leute ihr grausiges Werk beendet hatten, begaben sich die Überlebenden, während das Geschützfeuer immer näher rückte, auf den letzten großen Marsch. Einen Marsch, den nur ein Bruchteil von ihnen lebend überstand. Während im Lager die Sprengladungen explodierten, mit denen die SS die Kommandanturgebäude und sämtliche Unterlagen des Lagers befehlsmäßig vernichtete, marschierte ein unübersehbarer Zug von Menschen in gestreifter Häftlingskleidung, ohne Mäntel, ohne ausreichendes Schuhwerk, verhungert und ohne Verpflegung, umkreist von wütenden, nervösen SS-Leuten, die zur Eile antrieben, in die Kolonne prügelten und fluchten, bei über 30 Grad Kälte auf der Landstraße.

Der Todesmarsch

Der Gespensterzug der Häftlinge von Auschwitz ins „Reich" hat offensichtlich sogar den „Erfinder" von Auschwitz, Rudolf Höß, erschüttert, so erschüttert, dass er seine Eindrücke im Gefängnis kurz vor seinem Tode aufzeichnete. Höß, schon lange nicht mehr Kommandant des KZ, war vom SS-Hauptamt ausgeschickt worden, um den „planmäßigen Abtransport" der Häftlinge zu überwachen. Was fand er?

„Ich fand als Ersten Baer in Groß-Rosen. Wo sein Lager wanderte, wusste er nicht. Er hatte sich um nichts gekümmert, sondern sich im dicksten Wagen rechtzeitig ‚abgesetzt'. Ich fuhr sofort weiter. Auf allen Straßen Oberschlesiens westlich der Oder fand ich nun Häftlingskolonnen, die sich durch den tiefen Schnee hindurchquälten. Ohne Verpflegung. Die Unterführer, die diese wandelnden Leichenzüge führten, wussten meist gar nicht, wo sie überhaupt hin sollten. Auf eigene Faust requirierten sie in den Dörfern, die sie durchzogen, Lebensmittel, rasteten einige Stunden und zogen wieder weiter. Die Wege der Züge waren leicht zu verfolgen. Alle paar hundert Meter lag ein zusammengebrochener Häftling oder ein Erschossener. In der ersten Nacht traf ich auf der Straße in der Nähe von Leobschütz fortgesetzt erschossene Häftlinge, die noch bluteten. Ich sah auch auf offenen Kohlenwaggons verladene Transporte, total erfroren, festliegend, keine Verpflegungsmöglichkeit – irgendwo auf einem Abstellgleis auf offener Strecke. Dann wieder Häftlingsgruppen ohne jede Bewachung, die sich selbstständig gemacht hatten oder deren Posten einfach verschwunden waren. Auf dem Bahnhof Groß-Rosen wurden die anlaufenden Transporte gleich weitergeschickt. Aber nur die wenigsten konnten verpflegt werden. Groß-Rosen hatte selbst nichts mehr. In den offenen Loren lagen tote Häftlinge. Die Lebenden saßen auf ihnen und kauten ihr Stück Brot." Man hat den letzten Kommandanten von Auschwitz, Sturmbannführer Richard Baer, bis heute nicht finden können. Auch seine Leiche wurde damals, in den letzten Tagen des Krieges, nicht gefunden. Ist er irgendwo unerkannt gefallen? Liegt sein Körper in irgendeinem der vielen Massengräber, in denen man damals zusammentrug, was der Krieg am Wege fällte? Niemand weiß das genau. Aber es gibt auch sehr einleuchtende Gründe für die Annahme der Frankfurter Staatsanwaltschaft, dass Baer noch lebt. Er hat einen für SS-Offiziere sehr typischen Lebenslauf. Nach Besuch der Volksschule in Floss in der Oberpfalz lernte er Konditor in Weiden. Jedoch bereits 1933, im Alter von 22 Jahren, begann er seine folgerichtige „Karriere" im Konzentrationslager Dachau. Bei Kriegsbeginn gehörte Baer für einige Zeit zur SS-Totenkopf-Division und kehrte bereits 1940 zu seiner alten „Arbeit" in den Konzentrationslagern zurück. 1940 – 42 quälte er die Häftlinge von Neuengamme bei Hamburg, 1942 bis 1944 war er in der Leitung des Konzentrationslagerwesens in Oranienburg tätig. Danach kam er dann nach Auschwitz. Die Beamten der Frankfurter Staatsanwaltschaft haben jeden Schritt Baers in den letzten Tages des Krieges zu rekonstruieren versucht. Sie wissen, dass Baer noch heute in der Oberpfalz Grundbesitz hat. Dieser Grundbesitz wird von einem Mann namens Wilhelm Riedl, Püschersreuth, Kreis Neustadt-Waldnab, verwaltet. Riedl hat bei einer polizeilichen Vernehmung ausgesagt, Baer habe in den Tagen der Kapitulation gelebt und sich nach Innsbruck begeben.

Aber noch wichtiger erscheinen die Hinweise, die die Staatsanwaltschaft über die Frau des letzten Auschwitz-Kommandanten, Maria Baer, geborene Ludwig, besitzt. Diese Frau, die heute in Hamburg-Bergedorf lebt, hat über das vermutliche Schicksal ihres Mannes bis heute die widersprechensten Aussagen gemacht. Obgleich für sie im Falle einer Todeserklärung materielle Vorteile bestünden, hat sie sich bis heute energisch geweigert, Richard Baer für tot erklären zu lassen. Maria Baer geht keiner Arbeit nach und befindet sich viel auf Reisen. Wie ihre Schwester erklärt, habe Frau Baer einen sehr großen Bekanntenkreis, der sie einlade.

Wer sind diese Bekannten der Frau des ehemaligen Kommandanten von Auschwitz? Sind es die Männer, die einst unter Baers Kommando zur SS-Mannschaft von Auschwitz gehörten? Sind es Kontaktleute, die ihr die Verbindung zu ihrem Mann verschaffen? In Frankfurt wird in diesen Tagen alles vorbereitet, um eine Großfahndung nach dem letzten Kommandanten von Auschwitz einzuleiten. In allen Städten und Dörfern des Bundesgebietes werden Plakate das Bild Richard Baers zeigen. Wir alle sollten mithelfen, diesen Mann zu finden, der das Ansehen Deutschlands durch die verantwortliche Leitung des größten Vernichtungslagers des Nazi-Regimes so schwer schädigte.

Diese Dokumentation erschien im Dezember 1960 in vier Folgen in der Zeitschrift Weltbild Jg. 15, Nr. 29.2.12. 1960; Nr. 30, 9. 12. 1960; Nr. 31, 16. 12. 1960; Nr. 32, 23. 12. 1960.

Die Biedermänner mit den blutigen Händen
Dokumentarserie von Thomas Gnielka

Sie waren unsere Nachbarn. Sie lebten im Hause neben uns in Stuttgart, Hamburg, Berlin, Braunschweig oder Duisburg. Sie standen neben uns am Arbeitsplatz bei Heinkel, Büssing oder anderswo. Und trafen wir sie auf der Straße, dann grüßten sie freundlich. Niemand wusste davon, dass die gleichen Biedermänner im Konzentrationslager Auschwitz, getreu dem Befehl Hitlers von der Endlösung der Judenfrage, mithalfen, Millionen Menschen umzubringen. Niemand von uns wusste davon – bis die Kriminalbeamten an ihren Arbeitsplätzen, in ihren Wohnungen erschienen. Heute warten sie im Frankfurter Untersuchungsgefängnis auf das Urteil. Und wir warten auf den Auschwitz-Prozess, der endlich einen Schlussstrich ziehen soll unter ein grauenhaftes Kapitel des 3. Reiches – unter das Vernichtungslager Auschwitz, die „Krönung" der 1933 geschaffenen KZ.

24 ehemalige SS-Leute werden in Frankfurt noch in diesem Jahr vor Gericht stehen.[1] Für die am Prozess beteiligen Juristen bilden sie ein psychologisches Rätsel. Denn es scheint völlig unverständlich, wie Menschen imstande sein konnten, unter dem Druck der Schuld von Auschwitz ein normales bürgerliches Nachkriegsleben zu führen, einer regelten Arbeit nachzugehen, Familien zu gründen, Kühlschränke und Automobile zu kaufen – als wenn nichts, aber auch gar nichts geschehen wäre. Das Nachkriegsleben der meisten der SS-Leute von Auschwitz kannte nur zwei Ziele: am wirtschaftlichen Aufschwung unseres Landes teilzunehmen und durch ein paar schmutzige Tricks und erfolgreiche Schwindelmanöver

---

[1] Durch den Tod des Angeklagten Richard Baer und die Erkrankung des Angeklagten Hans Nierzwicki standen Ende Dezember 1963 22 Angeklagte vor Gericht. Im Verlauf des Prozesses schieden zwei weitere Angeklagte wegen Krankheit aus.

eine Strafverfolgung zu verhindern. Es gelang ihnen beinahe 15 Jahre.

Eine einzige Lüge

Der letzte Kommandant von Auschwitz, Richard Baer, hatte nur eine einzige Lüge nötig, um sich für eineinhalb Jahrzehnte vor einer Strafverfolgung zu schützen. Mit rechtzeitig „organisierten" Dienststempeln einer militärischen Einheit machte er sich in den Kapitulationstagen zum „Infanteristen Neumann". Nachdem er die SS-Kompanien von Auschwitz, die mit den letzten paar tausend Häftlingen auf oberschlesischen Straßen gen Westen marschierten, rechtzeitig im Stich gelassen hatte. Unter dem Namen Neumann nahm er bereits kurz nach dem Kriege Kontakt mit seiner Frau auf. Im Flüchtlingslager Hohenhorn erhielt er auf Grund der gefälschten Papiere einen Flüchtlingsausweis. Beides genügte den Polizeibehörden, um ihm einen Personalausweis auszustellen. „Karl Neumann" war nunmehr auch polizeilich bestätigt. Er fand eine Anstellung als Forstarbeiter und später als Hausmeister auf den Bismarckschen Gütern im Sachsenwald bei Hamburg.

Seine Frau und deren Eltern hatten sich inzwischen in der Nähe, in Bergedorf bei Hamburg, angesiedelt. Sie verhielten sich so, als wenn Richard Baer lediglich ein Pendler, ein auswärtig angestellter Arbeiter wäre. Er tauchte regelmäßig als Herr Neumann in Bergedorf auf, der mit Frau Baer „befreundet" war. Maria Baer erklärte den Behörden gegenüber ihren Mann als verschollen. Aber zur gleichen Zeit erwarb Baers Schwiegervater in Dassendorf, nahe der Arbeitsstelle Baers, ein Grundstück, baute darauf ein Haus, in das der letzte Kommandant von Auschwitz einzog. Seine Frau lebte den größten Teil der Nachkriegszeit dort mit ihm zusammen. Nachbarn und Geschäftsinhaber schilderten Herrn „Neumann" als einen freundlichen, ruhigen und zurückhaltenden Menschen, der nie mit jemandem Streit bekam und völlig in seiner Arbeit im Wald und im eigenen Garten aufging.

Das ging solange gut, bis die Frankfurter Staatsanwaltschaft vor über zwei Jahren ein Fahndungsbild Baers in SS-Uniform veröffentlichte. Arbeitskollegen aus dem Sachsenwald erkannten ihn darauf sofort. Bei seiner Verhaftung beschmutzte er aus Angst seine Hosen mit Kot. Nachdem man ihn notdürftig gesäubert hatte verlangte er plötzlich von den Kriminalbeamten „als Offizier" behandelt zu werden. Im Gefängnis leugnete er alles. Er habe lediglich als Soldat seine Pflicht erfüllt.

Wilhelm Boger, der Schrecken der Häftlinge in der politischen Abteilung, erschoss Tausende von ihnen mit Genickschuss an der schwarzen Wand beim Bunkerblock 11 – ohne Gnade, ohne Gefühlsregung. Überlebende Zeugen schildern, sein Mordhandwerk habe ihm „Spaß" gemacht. Nach dem Kriege führte er das Leben eines kleinen, pflichtgetreuen Angestellten.

Dirckt nach der Kapitulation, als einer der bekanntesten Henker von Auschwitz durch alle alliierten Truppen gesucht, fiel er in Österreich in die Hand der Amerikaner. In einer Folge von Vernehmungen gab er seine Verbrechen zu. Die Amerikaner schickten ihn mit einem Transport nach Polen, wo seine Aburteilung erfolgen sollte. Doch Boger floh während des Transportes. Nur rund ein Jahr lebte er im Bundesgebiet als „Untergetauchter".

Schon 1947 taucht er in dem kleinen Ort Hemmingen bei Stuttgart auf, fand eine Wohnung und wenig später einen Arbeitsplatz bei den Heinkel-Werken. Er fiel nie auf an seiner Arbeitsstelle. So schildern es zumindest seine Arbeitskollegen. Er sprach nie über sein Vorleben. Der Bürgermeister von Hemmingen gibt vom Familienleben Bogers eine Schilderung spießbürgerlicher Idylle. Er ist ein mustergültiger Familienvater und Ehemann gewesen, klein, etwas gebeugt und unauffällig. Vor jeder Mahlzeit sei in der Familie gebetet worden. Boger trug jeden Samstag seiner Frau die Markttaschen nach Hause und gab sich im vertrauten Kreise wilhelminisch-national.

Kontakte zur HIAG

Es ist jedoch in Hemmingen ein offenes Geheimnis, dass Boger, und nach seiner Verhaftung dessen Frau, ständig Kontakte zur HIAG, der Hilfsorganisation der Waffen-SS, unterhielt. Die Bogers besuchten die Veranstaltungen dieser Organisation. Im Kreise „alter Kameraden" taute Boger auf. Welche Erlebnisse er dann zum Besten gab, ist nicht bekannt. Die „SS-Kameraden" schweigen sich darüber aus.

Frau Boger verpflichtete nach der Verhaftung ihres Mannes einen bundesdeutschen Staranwalt als Verteidiger.[2] Sie verdient in den Heinkel-Werken als kleine Angestellte nur wenig. Ein solcher Anwalt kostet jedoch erhebliches Geld. Der Bürgermeister von Hemmingen, Mitglied der Sozialdemokratischen Partei, hat Anhaltspunkte dafür, dass die HIAG für die Verteidigungskosten Bogers aufkommt.

Boger, der unauffällige Biedermann von Hemmingen, weiß, was mit dem Prozess auf ihn zukommt: lebenslänglich. Als die Polizeibeamten ihn in den Heinkel-Werken abholten, sagte er zu seiner Frau: ich werde wohl nicht wiederkommen.

Der „gute Vater Kaduk" – der Tischler mit der Todesspritze

Oswald Kaduk, der berüchtigte Rapportführer von Auschwitz, wurde in Berlin gefunden. Unter seinem wirklichen Namen. Die Zeugenaussagen gegen ihn gehören zum schrecklichsten, was der Auschwitz-Prozess zutage fördern wird. Seine Selektionen zur Gaskammer, die von ihm geleiteten Appelle, kosteten Tausenden von Menschen das Leben. In Berlin fand man ihn als Pfleger in einem Krankenhaus in Tegel. Nach Aussage der Oberschwester hätten ihn alle Kranken ins Herz geschlossen. Sie nannten ihn „Vater Kaduk", weil er so freundlich und hilfsbereit gewesen sei. Sein Nachkriegsweg ist durch eine Reihe von Lügen gekennzeichnet, die ihm schließlich den Aufbau einer bürgerlichen Existenz ermöglichten.

---

[2] Rechtsanwalt Rudolf Aschenauer (1913 – 1983) vertrat Boger.

Mit Stiefeln totgetreten

Kaduk wurde am 8. Dezember 1946 in Löbau in Sachsen verhaftet und wegen „Osteinsatz als Berufssoldat" von einem sowjetischen Gericht zu 25 Jahren verurteilt. Die Russen erkannten in ihm nicht den ehemaligen Rapportführer von Auschwitz. Er wurde 1956 entlassen und ließ sich vom Berliner Bezirksamt Wedding eine Bescheinigung als „politischer Häftling der Zone" ausstellen. Auf diese Weise erlangte er eine Reihe von finanziellen Hilfszuwendungen, eine Wohnung und sehr bald den Arbeitsplatz im Krankenhaus Tegel. Seine Nachbarn hielten ihn für einen ruhigen, zurückhaltenden Menschen, dessen hervorstechendste Eigenschaften seine Gutmütigkeit und Hilfsbereitschaft gewesen seien. Seine Kollegen im Krankenhaus meinen: wenn Oswald wiederkäme – er könnte sofort wieder bei uns anfangen. Einen so guten Krankenpfleger wie Kaduk gibt es nur sehr selten. Zu seinen Vergnügungen im Lager Auschwitz hatte unter anderem gehört, wehrlose, halbverhungerte Häftlinge, die vor ihm im Dreck lagen, mit den genagelten Stiefeln totzutreten. Der bekannte Wiener Rechtsanwalt Dr. Friedrich Skrein war Augenzeuge solcher Vorgänge.

Der SS-Sanitärdienstgrad Josef Klehr hat nach übereinstimmender Ansicht einer ganzen Reihe von Zeugen allein das Leben von rund 12 000 Häftlingen des KZ-Lagers Auschwitz auf dem Gewissen. Mit einem weißen Arztkittel bekleidet, hielt der als „Sani" ausgebildete, halbanalphabetische Tischler in einem Behandlungszimmer des Häftlingskrankenbaus seine Todespraxis. Hilfskräfte aus Häftlingskreisen mussten ihm die schwachen, unterernährten Patienten aus dem Krankenbau, die er zuvor bei einer Selektion ausgesucht hatte, einzeln in den Behandlungsraum führen. Dort hatten sie den linken Arm hochzuheben, damit ihnen Klehr mit einer Injektionsspritze direkt ins Herz einige Kubikzentimeter Phenol injizieren konnte. Die Häftlinge starben wenige Sekunden später unter Zittern. 12 000 in knapp einem Jahr. Später führte Klehr dann das Kommando bei den Vergasungen in Auschwitz-Birkenau. Er war von Rudolf Höß zum Chef der „Desinfektoren" gemacht worden.

Klehr gelang es nach dem Kriege, unter seinem echten Namen, unerkannt nach Braunschweig zu kommen. Er fand Arbeit bei der Firma MIAG und trat der IG Holz bei. Seine Arbeitskollegen schildern ihn als einen streitsüchtigen, rechthaberischen und hinterhältigen Mann. Als er versuchte, einen Vorarbeiter durch falsche Beschuldigungen bei der Firmenleitung anzuschwärzen, kam es im Betrieb zu offenen Feindseligkeiten zwischen den Arbeitern und Klehr. Er verließ die Firma.

Wenig später fand er eine neue Arbeit bei Büssing in Braunschweig. Der Betriebsratsvorsitzende, Mitglied der IG Metall – er arbeitete mit Klehr zusammen im Karosseriebau –, weiß nichts Nennenswertes über ihn zu berichten. Denn der SS-Mann hielt am neuen Arbeitsplatz den Mund. Stutzig wurde der Betriebsratsvorsitzende erst, als eine Arbeiterin ihm erzählte, dass sie Klehr von früher her kannte. Unmittelbar danach wurde er in seiner Wohnung verhaftet. Die Büssingarbeiterin schilderte ihre Wiederbegegnung mit Klehr: „Das war sehr merkwürdig. Ich saß in unserem Aufenthaltsraum und frühstückte. Da kam so ein Kleiner rein. Er sagte: Ich will zum Meister. Da sagten wir: Jetzt ist Pause. Mach mal langsam. Da schimpfte der Kleine, und da sah ich plötzlich sein Gesicht. Und er sah meines. Da wurde er blass. Dann kam er ran und sagte: Ich will mit der da sprechen. Gustav hat ihn gefragt. Willste was von mir? Aber Klehr sagte: Nein, ich will mit der Frau da sprechen. Da bin ich zu ihm hingegangen. Er hat plötzlich ganz leise geredet. Berta, hat er gesagt, weißt du nicht, wer ich bin? Ich wusste es gleich. Ich sagte: Du Schwein bist der Klehr-Josef und warst bei der SS. Da hat er gesagt: Nein, du irrst dich, Berta, das war mein Bruder Wilhelm. Aber ich wusste es genau, denn ich hatte ihn in der Uniform gesehen, daheim in Wohlau in Schlesien. Da hat er´s dann zugegeben.

Ein Strolch als junger Bursche

Er war ein Strolch schon als junger Bursch´. Ab 33 ging er in der schwarzen Uniform. Er war auch eine Zeit als Pfleger in der Landesirrenanstalt in Leubus. Da hat er wohl Lust gekriegt aufs Todspritzen. Wenn er von Auschwitz auf Urlaub kam, ist er durch die Stadt gegangen und hat angegeben. Was er so alles geworden ist und wenn er was sagt, dann springen alle, dort in dem Lager. Bei uns zu Hause kannten alle Klehrs Gemeinheiten. Mein Bruder und seine Freunde haben noch eine alte Rechnung mit Klehr. Die waren vor 33 alle im Arbeitersportverein. Als die Nazis kamen, hat Klehr alle angezeigt. Sie wurden sofort von der SS abgeholt. Komisch, wenn man so einen Menschen nach 30 Jahren wiedersieht.

Plaidt ist ein kleiner Ort in der Eifel. Eine Handvoll Häuser, zwei Gastwirtschaften und sonst nichts. Die Hälfte der Bewohner von Plaidt sind Arbeiter. Einer von ihnen war Stefan Baretzki. Nach dem Kriege kam er als Heimkehrer neu in den Ort, fand eine Unterkunft und Gelegenheitsarbeit. Die ihn kennen, meinen, dass er schwer schuften könnte, der Stefan. Andere, die ihn in der Schankstube trafen, sagen, er habe saufen gekonnt, wie ein Loch. Und wo er dann hingehauen habe, da sei kein Gras mehr gewachsen. Derartige Erfahrungen werden auch von Stefans Freundin berichtet. Ihr Gesicht habe nur zu oft Schlagspuren gezeigt, blaue Flecke und Blutergüsse. Wenn er „ganz voll" war, der Stefan, geriet er auch mal mit der Polizei ins Handgemenge. In seiner Akte hieß das dann später „Widerstand gegen die Staatsgewalt".

Als die Polizeibeamten in Zivil nach Plaidt kamen und den Stefan mitnahmen, konnte es keiner glauben. Denn gutmütig war er ja. Und ein „richtiger Mann" macht doch schon mal einen drauf. Deswegen ist man doch lange noch kein Mörder. Und dass der Stefan einer gewesen sein soll, das glaubt doch kein Mensch. Stefan Baretzki sitzt heute im Frankfurter Untersuchungsgefängnis. Seinen Namen fanden die Beamten der Staatsanwaltschaft zuerst auf einem Dokument der Kanzlei

KZ Auschwitz, in dem Baretzki, unterschriftlich bestätigt vom Auschwitz-Kommandanten Höß, als Erschießer einiger Häftlinge „auf der Flucht" lobend erwähnt wird. Später fanden sich lebende Zeugen, die weiteres über Baretzkis Tätigkeit in Auschwitz zu Protokoll geben konnten.

Der Zeuge Józef Polak, Bergmann in Kattowitz, sah ihn, wie er beim Aufstand des Sonderkommandos – etwa 400 Juden, die die Verbrennung ihrer gestorbenen und getöteten Mithäftlinge besorgen mussten – mit einem Sturmgewehr über 50 Juden über den Haufen schoss. Doch Baretzki weiß heute in Frankfurt nichts mehr von all dem. Er sei nur „einfacher Soldat" gewesen, pflichtgetreu, gezwungenermaßen natürlich, und harmlos.

Worin kann die Aufgabe eines Prozesses gegen solche Menschen bestehen? Menschen wie Boger, Kaduk, Klehr und Baretzki? Es gibt Stimmen in der deutschen Öffentlichkeit, Stimmen von Bürgern der Bundesrepublik, die meinen, dass es überhaupt an der Zeit sei, mit derartigen Prozessen aufzuhören. Sie verkennen dabei jedoch, dass „derartige Prozesse" – nämlich solche, in denen durch ein umfangreiches Sammelverfahren ein großer Komplex endgültig abgeschlossen werden könnte, in Deutschland bisher überhaupt nicht stattfanden. Der Auschwitz-Prozess wäre der erste.

Weitere Prozesse sollen, wie von den verschiedenen Staatsanwaltschaften zu erfahren ist, nachfolgen. Wie lange noch? Nun, die Staatsanwälte rechnen mit noch mindestens zehn Jahren bis zur Erledigung der wichtigsten. Man darf hierbei auch nicht vergessen, dass Prozesse, die sich mit der strafrechtlichen Aufarbeitung dieses Teils der deutschen Vergangenheit beschäftigen, immer neue Verfahren nach sich ziehen. Deshalb sind in letzter Zeit sogar schon Stimmen laut geworden – in Bonn und anderswo -, die davon sprechen, dass man darangehen müsse, alle im Dritten Reich begangenen Straftaten einer generellen Amnestie zu unterziehen.

Aber kann es eine Amnestie für Mord geben, ohne dass damit an den Grundfesten unserer Strafgesetzgebung gerüttelt würde?

Der Anwalt der angeklagten SS-Leute sagte kürzlich, es stünde fest, dass der Auschwitz-Prozess schon jetzt aus dem Fahrwasser der Justiz in das der Politik geraten sei. Er sei bereits vor seiner Eröffnung zu einer Angelegenheit der Bundesrepublik in ihrem Bestreben geworden, sich durch juristische Aufarbeitung der deutschen Vergangenheit in den Augen der anderen voll zu rehabilitieren. Doch eine solche Entwicklung könne der eigentlichen Aufgabe, Recht zu sprechen, ein gerechtes Urteil zu fällen, durchaus hinderlich sein.

Hessens Generalstaatsanwalt Dr. Fritz Bauer vertritt eine andere Meinung über den Sinn des Auschwitz-Prozesses. Eine Meinung, die wert ist, am Schluss dieser dokumentarischen Artikelfolge zu stehen: „Ziel der Verfahren kann nicht sein, lediglich rückwärts zu blicken. Es ist die Aufgabe dieser Strafverfahren, neue Werttafeln zu errichten und an der Zukunft mitzubauen. Aus Deutschlands Schutt und Asche sind ein neuer Staat und eine neue Wirtschaft erwachsen. Auch eine neue menschliche Gesinnung ist notwendig. Sie muss sich, wie ich glaube, wie ein Phönix aus der Hölle von Auschwitz erheben und in unserm Prozess deutlich werden. Wir meinen damit den Gedanken der Gleichheit aller, die Menschenantlitz tragen. Vorurteilslosigkeit und Toleranz gegenüber jedermann. Nicht mitzuhassen, sondern mitzulieben bin ich da, sagt der Dichter. Das sollte in diesen Prozessen gelernt werden."

Wir wissen, dass viele unserer Leser es nicht lieben, wenn wir „in der Vergangenheit wühlen". Warum greifen wir dennoch diese Themen auf? Nicht etwa, weil wir jeden, der in der „Partei" oder in einer ihrer Verbände war, für einen Verbrecher halten. Wir wissen, dass viele kleine Leute Opfer waren. Opfer der Wirtschaftskrise, der Verzweiflung, ihrer eigenen Illusionen und auch des Versagens der demokratischen Organisationen, denen sie angehört hatten. Was aber mit denen, die verantwortlich waren, die z.B. die Rassengesetze schufen und juristisch untermauerten – damit die Verfolger auch ein reines Gewissen haben und im Namen des „Rechtes" handeln konnten? Was mit jenen, die Ausrottungsbefehle für ganze Völker gaben und den anderen, die sie eigenhändig ausführten?

Sind diese alle nur ein Spuk der Vergangenheit? Oder sitzt nicht Rassengesetz-Kommentator Hans Globke als Staatssekretär im Bundeskanzleramt? Und Staatssekretär Friedrich Karl Vialon, der Schmuck und Goldzähne der Ermordeten registrieren ließ, ist er nicht immer noch im Bundesschatzministerium? Und Georg Heuser, Leiter vom SD-Mordkommando, war er nicht Chef des Landeskriminalamtes von Rheinland-Pfalz? Und wenn diese oben sitzen und saßen, warum sollte dann den anderen mit den blutigen Händen das Gewissen schlagen?

Natürlich können sie heute nicht wiederholen, was sie damals getan haben. Aber ein Rückgrat, das so biegsam ist, in hoher Stellung und Verantwortung dem Dritten Reich und der Bundesrepublik zu dienen, kann es Träger unserer Demokratie sein?

Anmerkung der Redaktion zu der dreiteiligen Dokumentation in METALL Nr. 7, 8 und 13 1963

Wie der Prozess nach Frankfurt kam
Ein Gespräch mit Thomas Gnielka – Er entdeckte belastende SS-Dokumente

Er ist fast ergraut und wirkt auf den ersten Blick nicht wie ein 35-jähriger. Man schätzt ihn um acht oder zehn Jahre älter. Aber im Gespräch wird dieser Eindruck rasch verwischt. Temperamentvoll erzählt Thomas Gnielka, weshalb er der wohl am besten informierte Journalist der Bundesrepublik in Sachen Auschwitz ist.

Dass der Publizist einen Großteil seiner Arbeitskraft der Aufklärung des Verbrechens von Auschwitz widmet, hängt ursächlich damit zusammen, dass er als 16-jähriger Flakhelfer einer Geschützbatterie angehörte, die 1944 zum Schutz der Auschwitzer IG-Farbenwerke gegen Fliegerangriffe eingesetzt war. Täglich brachten Lastwagen ausgemergelt Häftlinge aus dem Lager, die Munitionsbunker und Geschützstände ausheben mussten. Gnielka konnte beobachten, wie roh und rücksichtslos die Häftlinge von den SS-Wachen angetrieben wurden.

Später wurde das Kommando einer Luftwaffeneinheit unterstellt, und die Schüler des Staatlichen Kant-Gymnasiums aus Berlin-Spandau, die in der Uniform von Flakhelfern Dienst taten, konnten – anfänglich über einen fließend lateinisch sprechenden Häftling – Verbindung zu den Auschwitzern aufnehmen. Sie versorgten sie heimlich mit zusätzlicher Verpflegung und erfuhren Einzelheiten aus dem Innern des Konzentrationslagers Auschwitz.

Als die Front in unmittelbare Nähe gerückt war, wurden die meisten Flakgeschütze durch sowjetische Werfer zerstört. Nur zwei von 60 – darunter Gnielkas Geschütz – blieben unversehrt. Die Mannschaften setzten sich mit ihren Fahrzeugen ab. Inzwischen war das Lager Auschwitz geräumt worden. Die Soldaten beschlossen aus dem SS-Depot Verpflegung mitzunehmen.

Thomas Gnielka wird nie die Bilder vergessen, die sich ihm beim Betreten des Lagers boten: offene Gräber mit den Leichen der Häftlinge, die als nicht gehfähig vor dem Todesmarsch der anderen Lagerinsassen erschossen wurden, überall zwischen den Baracken Tote, im Häftlingskrankenhaus halbtote Häftlinge, die sich vor der Räumung des Lagers irgendwohin verkrochen hatten.

„Zwei Stunden bevor sowjetische Truppen das Lager erreichten und sowjetische Kameraleute ihre Aufnahmen machten, verließen wir das Lager", erzählt Gnielka. „Die Bilder des Films von der Befreiung, die ich später im Auschwitz-Museum gesehen habe, waren mir durchaus vertraut. So hat es damals ausgesehen."

Mit einem gefälschten Marschbefehl – ein Unteroffizier der Flakbatterie hatte aus der Schreibstube des Lagers Auschwitz alle greifbaren Stempel mitgenommen – erreichte Gnielka im Februar des Jahres 1945 seine Heimatstadt Berlin. Sein Vater, ein Hitlergegner, riet ihm zum Untertauchen. Der 17-jährige Thomas ging in die Illegalität und fand Anschluss an eine Widerstandsgruppe, die in den Stadtteilen Spandau, Siemensstadt und Charlottenburg aktiv war und während der Kämpfe um Berlin im bewaffneten Widerstand gegen die SS-Gruppen stand. Noch vor der Kapitulation wurde er Mitglied der Sozialdemokratischen Partei, der er noch heute angehört.

Unmittelbar nach Kriegsende beteiligte Thomas Gnielka sich als Stadtrat und Leiter des Spandauer Jugendausschusses an der Aufbauarbeit. Was er in Auschwitz gesehen hatte, war zunächst verdrängt. Doch nach einem halben Jahr setzte eine schwere Krise ein. Die Bilder von Auschwitz verfolgten ihn allnächtlich in Alpträumen. Auf dem Höhepunkt der seelischen Erschütterung war er – der 17-jährige – dem Selbstmord nahe.

In dieser Phase bekam Gnielka, der inzwischen als Volontär bei einer Zeitung tätig war, Kontakt zu Hans Werner Richter von der „Gruppe 47". Dieser riet ihm: „Schreib dir alles von der Seele." Gnielka schrieb die Geschichte der Gymnasialklasse, die bei Auschwitz eingesetzt war. Sie ging als Hörbildfolge fast über alle westdeutschen Sender.

Inzwischen hatte der junge Schriftsteller mit der Sammlung und Archivierung allen erreichbaren Materials über Auschwitz und andere Probleme aus dem Nachlass des „Dritten Reiches" begonnen. In den Redaktionen, so erzählt Gnielka, habe es damals kaum jemanden gegeben, der dieses Gebiet intensiv bearbeitete. „So wurde ich noch mehr in meine speziellen Aufgaben hineingestupst."

1957 – Gnielka war damals verantwortlicher politischer Redakteur der „Frankfurter Rundschau" – erfuhr er von einem Bekannten merkwürdige Dinge. In der Wiesbadener Wiedergutmachungsbehörde gebe es eine Clique unverbesserlicher Nazis. Nicht genug damit, dass den Verfolgten durch diese Leute materielle Nachteile entstünden, sie vertrieben sich ihre Langeweile während des Dienstes auch noch durch das Absingen nazistischer und antisemitischer Lieder.

Gnielka veröffentliche einen Artikel darüber und brachte eine Lawine ins Rollen. Zahlreiche hohe und höchste Beamte mussten suspendiert werden. Hunderte von geschädigten Verfolgten trugen dem Redakteur ihre Sorgen vor und baten um Hilfe. Im Verlauf dieser Invasion der Bedrängten setzte – so Gnielka – „das Schicksal wieder einmal seine Brechstange an". Ein jüdischer Rentner namens Emil Wulkan bat um Gnielkas Besuch. In Wulkans Wohnung machte der Journalist eine sensationelle Entdeckung. Der Rentner zeigte ihm ein Bündel Papiere, fein säuberlich zusammengehalten von einer roten Schleife. Es lag auf einer altdeutschen Kommode.

Thomas Gnielka – nicht umsonst hatte er sich jahrelang mit dem Auschwitz-Komplex beschäftigt – erkannte sofort den ungeheuren Wert der Dokumente, denn um Dokumente handelte es sich, noch dazu um Originaldokumente. Es waren Original-Erschießungsunterlagen aus Auschwitz, unterzeichnet vom Lagerkommandanten Rudolf Höß und dessen Stellvertreter Hans Aumeier. Darin wurde dem SS- und Polizeigericht in Breslau mitgeteilt, dass Häftlinge „auf der Flucht" erschossen worden seien. „Es wird gebeten von der Einleitung von Strafverfahren gegen die nachfolgend Genannten abzusehen, da sie in Ausübung ihrer Pflicht handelten." Also Ersuchen um Freibriefe für Mörder. Rund 40 Namen von SS-Männern waren fein säuberlich aufgeführt.

Was mochte aus ihnen geworden sein? Waren sie schon zur Verantwortung gezogen worden? Gnielkas Gehirn arbeitete fieberhaft. Er meldete seinen Fund dem hessischen Generalstaatsanwalt Dr. Fritz Bauer, der ihn zur Grundlage für die Eröffnung des Auschwitz-Verfahrens vor einem Frankfurter Gericht machte. Zu diesem Zeitpunkt hatte die Zentrale Stelle in Ludwigsburg bereits einige Vorarbeit geleistet, aber keine der in Frage kommenden Generalstaatsanwaltschaften der Bundesrepublik, in deren Bereich einer der bekannten Beschuldigten wohnte, wollte den Prozess haben.

Dazu Thomas Gnielka: „Hätten die Nazis im Wiesbadener Wiedergutmachungsamt nicht gesungen, stünde die Auschwitzer SS-Leute jetzt vielleicht nicht in Frankfurt vor Gericht." Scharfe Kombinations- und Beobachtungsgabe führten später dazu, dass Gnielka, nachdem er die Frau des letzten Auschwitz-Kommandanten Richard Baer in der Nähe von Hamburg entdeckt hatte, als Mitarbeiter einer Illustrierten die These aufstellen konnte: Der Kommandant des Lagers Auschwitz ist nicht tot, sondern lebt! Er schaltete sich in die Ermittlungen der Staatsanwaltschaft ein, und am selben Tag, an dem sein Artikel erschien, wurde Baer verhaftet. Er hatte jahrelang unter falschem Namen als Waldarbeiter gelebt. „Ich kann nicht hundertprozentig sagen, dass mein Artikel dazu geführt hat", meint Gnielka, „fest steht, dass die Polizei den

Hinweis auf Baer erhielt, als die Ausgabe mit meinem Artikel draußen war."

Später bekam Gnielka vom Zweiten Deutschen Fernsehen den Auftrag, einen Auschwitz-Dokumentarfilm zu drehen[1]. Gnielka fuhr nach Polen und stellte eigene Nachforschungen an. In bisher ungesichtetem Material entdeckte er ein wichtiges Dokument. Eine Anforderung von fünf Kilogramm Phenol, unterschrieben von Josef Klehr, einem der Angeklagten im Auschwitz-Prozess. Mit ihm war der Beweis geliefert, dass Klehr sehr viel mit der Ermordung von Häftlingen durch Phenolspritzen, die er hartnäckig leugnet, zu tun hat.

Außerdem gelang Gnielka der Nachweis, dass der Angeklagte Baretzki in Auschwitz an Selektionen teilgenommen hat. Er konnte ihn durch zahlreiche ehemalige Auschwitz-Häftlinge, denen er Fotos zeigte, identifizieren. Ebenso gelang der Nachweis, dass Baretzki mitverantwortlich ist für die Ermordung des gesamten jüdischen Leichenkommandos.

In Polen traf Gnielka auch Angehörige jenes Kommandos, das in seiner Flakbatterie Munitionsbunker und Geschützstellungen bauen musste. Eine Anzahl der polnischen Augenzeugen, die er für seinen Dokumentarfilm interviewt hat, erwartet er in seinem Haus in einem einsamen Tal des Unterlahnkreises, wenn sie als Zeugen in die Bundesrepublik kommen. „Ich war ihr Gast, jetzt sollen sie bei mir zu Gast sein."

Die Tat, Nr. 45 / 9. November 1963

---

[1] „Die letzte Station. Eine Dokumentation zum Auschwitz-Prozess", Regie: Thomas Gnielka, ZDF 1964.

aR-Z 13/59

| Zentrale Stelle |
| 2 6. JAN. 1959 |
| Ludwigsburg |

THOMAS GNIELKA
WIESBADEN · PANORAMAWEG 3

15 - 1 - 59

Sehr geehrter Herr Generalstaatsanwalt,

anbei, wie telefonisch angekündigt, die Bräéfe der Kommandantur
des KZ-Lagers Auschwitz an das SS und Pol.Gericht Breslau.
Die Unterlagen wurden mir zu treuen Händen von Herrn Emil Wulkan,
Frankfurt, Görresstr.8 am 14.1.59 anlässlich eines Gespräches in
Sachen Wiesbadener Wiedergutmachung übergeben. Herr Wulkan, ehem.
KZ-Häftling, heute Mitglied des Gemeinderates der jüdischen Ge-
meinde in Frankfurt, war nach seiner Befreiung kurz nach dem Fall
Breslaus mit anderen Häftlingen vorübergehend in der Stadt und nahm
sich die Papiere als "Andenken" von dem brennenden Polizei-Gericht
mit. Er ist bis heute nicht auf die Idee gekommen, dass das Material von Bedeutung für die Justiz sein könnte.

An dieser Stelle eine kurze Bitte: wäre es Ihnen möglich, mir von
den Unterlagen Fotokopien herstellen zu lassen? Ich denke daran,
dass im Falle einer strafrechtlichen Verfolgung der beteiligten
SS-Leute durch die Justiz der Inhalt der Papiere für eine Berichterstattung durch die FR von Wichtigkeit sein könnte.

Mit freundlichen Grüssen auch von meiner
Frau

Ihr

Notizen einer Reise nach Polen
von Thomas Gnielka

Die Überlebenden

Eine Straße, deren Schlaglöcher die Zähne klappern lassen. Der Scheibenwischer schaukelt bei dem starken Schneetreiben nur noch mühsam das Blickfeld frei. Ein Stacheldrahtzaun kommt ins Scheinwerferlicht, ein ungefüges Tor sperrt die Straße. Dahinter eine Baracke, in deren Fenstern trübes Licht funzelt. Eine Tür im Zaun, durch die Fußspuren zur Baracke hinlaufen mit einem Schild über der Klinke. Mühsames Buchstabieren der halb verschneiten Schrift: Museum Auschwitz – Eingang – Eintritt frei.

Kazimierz Smolen ist das, was man einen gut aussehenden Mann nennt. Blond, blauäugig, klar geschnittenes Gesicht. Warschauer Charme scheint ihm angeboren. Seine Handbewegungen sind ebenso flüssig, beinahe elegant, wie sein Deutsch. Er macht mit Routine die Honneurs des Hauses. Des gleichen Hauses, in dem einst Auschwitz' erster Kommandant, Rudolf Höß, regierte, und nach ihm Arthur Liebehenschel und Richard Baer.

Kazimierz Smolen regiert nicht. Er ist ehemaliger Häftling und Staatsbeamter, Magister der Jurisprudenz und Direktor des Museums zu Auschwitz. Seine Einladung, nebenbei als Selbstverständlichkeit fallen gelassen, löst bei dem Besucher einen Schock aus. Als Nachtquartier offeriert er ein Zimmer, in dem der angeklagte SS-Apotheker Victor Capesius damals das Giftgas Zyklon B verwaltete, auf sauberen Karteikarten in preußischer Ordnung. Draußen, vor dem Fenster, die erste Gaskammer und das Krematorium des Stammlagers.

Morgens gegen acht dröhnen die ersten Reisebusse durchs geöffnete Lagertor. Häftling 9362 muss gegen sieben sein mit ein paar alten Militärschränken, einem Tisch und einem

Feldbett möbliertes Zimmer im Kommandanturgebäude verlassen, sich in der Lagerküche sein bescheidenes Frühstück geben lassen. Der scharfe Wind draußen auf dem Appellplatz treibt ihm die letzte Dumpfheit des Schlafes aus den Knochen. Häftling 9362, der Kustos des Museums zu Auschwitz, Tadeusz Szymanski, strafft sich und geht dem ersten Bus entgegen.

Junge Arbeiter mit ihren Frauen klettern verschlafen aus den kunstledernen Sitzen. Bergleute aus dem oberschlesischen Industriegebiet. Für Tadeusz Szymanski, für seinen Direktor Kazimierz Smolen, für die anderen Ehemaligen, die heute, vom polnischen Staat kärglich als Staatsbedienstete entlohnt, dafür arbeiten, dass jährlich 300 000 Menschen aus Ost und West von der Vergangenheit von Auschwitz erfahren, für sie alle hat sich seit damals nur wenig geändert. Sie leben hinter dem gleichen Stacheldraht. Sie gehen täglich durch die gleichen Lagerstraßen, sie sehen in jeder Minute die Schatten ihrer toten Kameraden.

Zwar gibt es niemand mehr, von dem sie Gefahr liefen, totgeschlagen zu werden, vergast, erschossen. Aber jede Gewalttat, die einst hier geschah, steht Tag für Tag wieder vor ihnen auf. Wird von ihnen beschworen mit eindringlichen, zupackenden Worten in die Gesichter der Besucher hinein, deren Reisegesellschafts-Fröhlichkeit jäh zu einem leisen Murmeln erstirbt.

Die Ärzte unter den Überlebenden von Auschwitz – sie praktizieren heute wieder als Chirurgen, Universitätsprofessoren und Psychiater –, die Ärzte sagen, dass ihre Kameraden vom Museum Auschwitz Verdammte seien, Lagerkranke, für immer durch sich selbst an ihre Vergangenheit, an den verfluchten Ort gekettet. Eine Vorstellung, die sich auch nicht zerstreut, wenn man Fragen stellt. Jede Antwort beginnt mit Auschwitz. Ihr Weltbild, ihre Traumwelt, ihre Ehen, Wünsche und Ziele – Auschwitz. Früher hatten sie einen Beruf. Sie waren Jurist, Angestellter, Zeichenlehrer, Student. Sie leisteten etwas. Das tun sie heute auch. Jedoch nur für das Museum Auschwitz. Sie wurden Fremdenführer durch die eigene Vergangenheit. Einige von ihnen werden als Zeugen in Frankfurt erscheinen. Ihre Erinnerung ist genau, präzise und sehr bildhaft.

Kustos Szymanski hat seine einleitenden Worte beendet. Er geht der Gruppe junger Arbeiter voran. Einige von ihnen haben kleine Kinder an der Hand. Häftling 9362 betritt seinen ehemaligen Block, in dem heute hinter Glas abgeschnittene Frauenhaare aufbewahrt werden und Zähne, die man „zwecks Goldrückgewinnung" einst den Toten mit schweren Zangen herausbrach.

Am Ende ihres Rundganges führt Szymanski die Besuchergruppe in eine ehemalige Häftlingsunterkunft, die, mit Stühlen ausgerüstet, heute Kinoraum des Museums ist. Und dann laufen die Bilder ab, die Szymanski jeden Tag mit ansieht. Die Szenen von der Befreiung des Lagers durch die sowjetischen Kampftruppen. Zum Skelett abgemagerte Frauen mit schrecklichen Wunden am Körper. Vom Hunger, Schlägen, durch Fleckfieber und von Hautausschlägen entstellt. Gruben, bis zum Rand gefüllt mit Leichen, an deren Rand die Krähen hocken, spinnenbeinige Kinder, in Lumpen gehüllt, mit Gesichtern, die durch Hunger und Gewalttaten geformt, fast tierische Züge bekommen.

Jeder Tag bringt neue Besuchergruppen durch das Lagertor. Jeden Tag laufen im Kinoraum zu Auschwitz die gleichen Bilder. Oft rinnen den Zuschauern aus Ost und West die Tränen herunter. Frauen schlagen die Hände vor das Gesicht, Männer beißen die Zähne zusammen und ihre Kinder bergen vor dem Grauenhaften den Kopf im Schoß der Erwachsenen. Tadeusz Szymanski hat ein Hobby, mit dem er seine Freizeit ausfüllt. Er sammelt Briefmarken. Doch fast alle Marken, die in seinen vielen Alben kleben, sind Gedächtnismarken. Sie zeigen Konzentrationslager, Verfolgung, Mord und Brand.

Dr. Münch gab ein Beispiel

Auf einem der für Zuschauer reservierten Plätze im Frankfurter Auschwitz-Prozess sitzt in diesen Tagen ein Mann, der nur aus einem Grunde von Krakau nach Frankfurt kam: um zuzuhören. Ein führender Jurist Polens, selbst lange Jahre Vorsitzender eines hohen Gerichtes und Vorsitzender der Zentralkommission zur Untersuchung der NS-Verbrechen in Polen. Er hat ein Buch geschrieben: „Konzentrationslager Auschwitz-Birkenau". Es wurde in viele Weltsprachen übersetzt. Sein Inhalt hat dokumentarischen Wert, denn der Autor, Prof. Dr. Jan Sehn, war als überlebender Auschwitz-Häftling 1947 Vorsitzender jenes polnischen Gerichtes in Krakau, das den ersten Auschwitz-Prozess durchführte.[1]

In seinem Buch legte er nieder, was die Beweisaufnahme im Krakauer Prozess an Tatsachen erbrachte. Prof. Sehn war schon damals, kurze Zeit nach Kriegsende, als das von Deutschen Polen zugefügte Unrecht noch frisch war, ein Mann, dem der Begriff der Gerechtigkeit höher stand als die Befriedigung von Rachegelüsten. Unter seinem Vorsitz sprach das Krakauer Gericht den SS-Arzt Dr. Hans Münch von jeder Schuld an den Verbrechen von Auschwitz frei, obwohl Dr. Münch lange Zeit in Auschwitz tätig war.

Wir stießen auf die Geschichte jenes Arztes während unserer Fahrt durch das heutige Polen.

Der Leichenträger

Das Warschauer Hotel Bristol ist ein Alptraum in Plüsch und Troddeln. Direkt neben der Universität gelegen, entging es wie durch ein Wunder der Zerstörung. Im Zimmer 341 erzählte Dr. Czeslaw Glowacki, bekannter Warschauer Gynäkologe, von der Zeit, als er Leichenträger im Kommando des Bunkerblocks 11 war. Er stand in einer Ecke des Hofes,

---

[1] Jan Sehn (1909 –1965) war Untersuchungsrichter im Prozess gegen Rudolf Höß vor dem Obersten Volksgerichtshof in Warschau (März/April 1947) sowie im Prozess gegen Arthur Liebehenschen u. A. vor dem Obersten Volksgerichtshof in Krakau (November/Dezember 1947).

während SS-Oberscharführer Boger, heute Angeklagter im Frankfurter Auschwitz-Prozess, mit einem Kleinkaliber-Gewehr die von ihm ausgesuchten Todeskandidaten durch Genickschuss tötete. Dr. Glowacki und seine Kameraden trugen die Opfer anschließend zum Leichenwagen, der täglich seine Route zum Krematorium fuhr. Dr. Glowacki stand vor der Tür des Zimmers, in dem der „Sanitäter" Josef Klehr seine Opfer durch Phenol-Injektionen ins Herz mordete. Er sah jedem Opfer auf seiner Trage ins Gesicht. Er vergaß niemand. Keins der Opfer, keinen der Mörder. Bis auf den heutigen Tag. Seine Aussage im Frankfurter Prozess gehört zu den erschütterndsten aller polnischen Zeugen.

Dr. Glowacki ist das, was man einen gepflegten Mann nennt. Er hat ein gut geschnittenes Gesicht, trägt geschmackvolle Anzüge. Der Habitus des erfolgreichen Frauenarztes scheint ihm auf den Leib geschneidert. Doch dieser Eindruck ist falsch. Denn Dr. Glowacki ist ein Mensch, der unter seinem guten Gedächtnis leidet, der sich quält, weil es ihm bis heute nicht gelungen ist, diesen Teil seines Lebens für immer aus dem Bewusstsein zu verdrängen. Er kann nicht vergessen.

Aber er vergisst auch nicht, was der SS-Arzt Dr. Hans Münch seinerzeit in Auschwitz für ein Mensch war. Jener Mediziner, der im Hygiene-Institut der Waffen-SS in Rajsko tätig war. Berichte über seine korrekte Haltung verbreiteten sich unter den Häftlingen wie ein Lauffeuer. Niemals sah man Dr. Münch an den Bahngleisen bei den Selektionen der ankommenden Häftlinge für die Gaskammer. Obgleich alle anderen SS-Ärzte regelmäßig dort diesen grausigen „Dienst" versahen. Auch jene Ärzte, die zusammen mit dem SS-Apotheker Dr. Victor Capesius heute die „akademische Intelligenz" unter den Angeklagten des Frankfurter Auschwitz-Prozesses bilden. Dr. Glowacki sagt von Dr. Münch, dass er ein guter Mensch gewesen sei. Es gibt außer diesem einen Arzt niemanden unter den SS-Leuten von Auschwitz, über den Dr. Glowacki etwas Ähnliches vermelden könnte.

Swietochlowice hat einen Himmel über sich, der schwarz ist von Kohlenstaub und Industrieabgasen. Wenn hier ein Bergmann niest – so sagen die polnischen Kumpel – falle ihm gleich ein Brikett aus der Nase. Swietochlowice ist eine Stadt im oberschlesischen Industriegebiet. Schmutzig, düster und ungeheuer regsam. Ein Tag in Swietochlowice, und man glaubt hin und wieder in Bochum zu sein oder in Essen. Gegen Abend bevölkern sich die Eckkneipen. Am Tresen stehen Männer mit kohleverschmierten Gesichtern, die über Gott, die Welt und die Politik diskutieren und mit viel Bier den Staub aus den Kehlen spülen.

Der Häftlingsschreiber

Im großen Zechenkrankenhaus von Swietochlowice operiert Chefarzt Dr. Tadeusz Paczula. Er ist in der gleichen Stadt geboren, in der er heute Bergleute zusammenflickt und deren Kindern ans Licht der Welt verhilft. Dr. Paczula ist in gewisser Beziehung eine Abnormität. Diese Abnormität ist in seinem phänomenalen Gedächtnis begründet. Einst, in den Jahren 1942 bis 1945, war er Schreiber im Häftlingskrankenhaus des Auschwitzer Stammlagers. Er saß an einem rohen Holztisch, einen Federkasten, Tintenfass und einen Stoß Listenformulare vor sich und führte die Todesstatistik in dieser Baracke, in der Tausende an Entkräftung, Seuchen, Schlägen und Folterungen ihr Leben lassen mussten.

Die „Registrierkasse"

Er schrieb diese Listen mit der Hand. Immer nach dem gleichen Schema. Häftlingsnummer, Namen, Geburtstag und Ort des „Verstorbenen" und die Todesursache. In seinen Listen entsprach alles bis auf die Todesursache der Wahrheit. Denn der Totschlag eines Häftlings durch einen SS-Mann hatte auf Befehl der Auschwitzer Kommandantur als „Tod durch Angina" oder „Herzschwäche" verzeichnet zu werden. Angina-Tote, so erinnert sich Dr. Paczula, gab es wochenlang

Tausende. Um für die Zeit des großen Gerichtes, die zu erleben Dr. Paczula damals in der Krankenbaracke in Auschwitz nicht mehr hoffte, ein für allemal klarzumachen, dass es blanker Mord war, für den er Protokoll führen musste, schrieb Dr. Paczula die merkwürdigsten Todesursachen in seine Berichte. Herzschwäche bei 16-jährigen jungen Männern und die lateinische Bezeichnung für Kindbettfieber bei alten Männern, die an Folterungen verstorben waren.

Dr. Paczula erinnert sich genau an diese Fälle. Jede Nummer, jedes Geburtsdatum, das er einst notieren musste, ist noch heute in seinem Gedächtnis eingebrannt. Zu jeder Zeit kann er über jedes Ereignis, an dem er teilnahm, Bericht erstatten. Über die beteiligten SS-Leute, deren genaue Namen, Geburtsdaten und Dienstränge, die von ihnen getöteten Häftlinge, ebenfalls mit genauen biographischen Angaben und den Häftlingsnummern. Seine überlebenden Kameraden nennen ihn heute deswegen oft scherzhaft „Die Registrierkasse". Im Kopf Dr. Paczulas, der bis heute wie eine Registrierkasse funktionierte, ist jedoch mit genauen Details auch ein Mann verzeichnet, dessen Namen wir bereits in diesem Bericht nannten: Dr. Hans Münch, SS-Arzt zu Auschwitz.

Das so genannte Hygiene-Institut, dem Dr. Münch[2] vorstand, war wohl mehr eine bakteriologische Untersuchungsstelle, so meint Dr. Paczula. Dr. Münch brachte der grauenhaften Lage der Häftlinge stets sehr viel Verständnis entgegen. Dieses Verständnis ging sehr weit. Denn in die Untersuchungsstelle kamen auch die Untersuchungsreihen auf Tbc, die als Speichelabstriche den Häftlingen abgenommen, aus den Lagern von Auschwitz geschickt wurden. Und ein positiver Tbc-Befund bedeutete den sofortigen Tod des Häftlings in der Gaskammer. Dr. Münch duldete es stillschweigend, dass die bei ihm arbeitenden Häftlinge die Befunde fälschten. Er rettete so einer großen Zahl von Unglücklichen das Leben.

---

[2] Der Leiter des „Hygiene-Instituts der Waffen-SS" in Rajsko bei Auschwitz war SS-Hauptsturmführer Bruno Weber (1915–1956).

Die vor der SS geheim gehaltenen Tbc-Fälle kamen dann in den Krankenbau, wo Häftlingsärzte mit ihren wenigen Mitteln alles versuchten, um den Tuberkulosekranken das Leben zu retten.

Der SS-Arzt

Dr. Münch wusste als Arzt, dass für solche Fälle nichts wichtiger war als gutes Essen. Er wusste auch, dass es gutes Essen im Konzentrationslager Auschwitz nicht gab. Deshalb ließ er von den bei ihm arbeitenden Häftlingen die als Versuchstiere gehaltenen Kaninchen und Meerschweinchen schlachten, die dann zur Ernährung der Tbc-Fälle ins Lager geschmuggelt wurden. Diese gemeinschaftliche Therapie hatte eine ganze Reihe von Erfolgen. Im Krakauer Prozess konnte Dr. Münch den Gerichtssaal als freier Mensch verlassen. In Frankfurt betrat er den Gerichtssaal ebenfalls als freier Mensch und als Zeuge. Es gibt wohl keinen Auschwitzhäftling, der ihm heute nicht die Hand drücken würde, wenn er ihm begegnete.

Dr. Paczula sieht im Fall Dr. Münch jedoch noch etwas anderes. Die Tatsache, dass eine solche Haltung in der Hölle von Auschwitz möglich war, dass es einem SS-Arzt möglich war, die Beteiligung am Töten zu verweigern, ohne in Schwierigkeiten zu geraten, belastet die in Frankfurt vor Gericht Stehenden um so stärker. Ihre Berufung auf den „Befehlsnotstand" wird durch Dr. Münch zur Lüge.

Ein Engel in der Hölle

Die alte Universität Krakau hat bis heute nichts von ihrem mittelalterlichen Charme verloren. Die Blumenstände auf dem Marktplatz bilden bunte Tupfen vor der Fassade der Marienkirche. Die Blumenfrauen in den weiten Röcken und gehäkelten Kopftüchern sprechen ihre Kunden auf Polnisch an oder auf Deutsch. Die Donau-Monarchie, zu der Krakau einst gehörte, hinterließ für den deutschen Besucher Annehmlichkeiten. Jeder ältere Bewohner Krakaus spricht deutsch und ist gerne bereit, dem Fremden wortreich behilflich zu sein. Dr. Stanislaw Klodzinski wohnt in dieser Stadt. Seine Zeit ist geteilt zwischen einer ausgedehnten Praxis als Lungenfacharzt und seiner Dozententätigkeit an der Universität. Er ist klein, eine starke Hornbrille lässt seine Augen strenger erscheinen als sie sind. In seiner Wohnung in Krakaus Altstadt ist der Tisch für den deutschen Gast gedeckt; mit den besten „Früchten" des Landes: polnischer Schinken, Bauernbrot, Landbutter und Wurst mit viel Knoblauch.

Dr. Klodzinski erhebt sein Glas mit Tokajer Wein zu einem Toast auf Maria Stromberger, jene Krankenschwester des Deutschen Roten Kreuzes, die nach Auschwitz kam, um kranke SS-Leute zu pflegen und unter Einsatz ihres Lebens stattdessen den Häftlingen half und der Widerstandsbewegung im Lager beitrat.

Fieberphantasien

Im August 1942 wurde sie von einem Krankenhaus in Heidelberg in die Seuchenabteilung des Zechenkrankenhauses Königshütte versetzt. Doch sie blieb dort nur kurze Zeit. Denn – so schilderte es Dr. Klodzinski – durch einen Zufall wurde ihr die Pflege zweier entlassener Häftlinge von Auschwitz übertragen, die mit Fleckfieber eingeliefert worden waren. Schwester Maria lauschte ihren Fieberphantasien. Was über die Lippen der Kranken kam, war so ungeheuerlich, dass Schwester Maria sie später, nach ihrer Genesung, noch einmal genau ausfragte. Als die beiden ehemaligen Häftlinge Wort für Wort jedes Detail ihres Fiebergestammels bestätigten und diese Tatsachen noch durch weitere unglaubliche Einzelheiten ergänzten, stand für Schwester Maria der Entschluss fest: Sie meldete sich in das SS-Lazarett von Auschwitz. Sie wollte mit eigenen Augen sehen, ob es in ihrem Lande tatsächlich einen Ort gab, an dem Menschen zu Tausenden gemordet, gequält, vergast und verbrannt wurden.

Der Adjutant des KZ-Kommandanten Höß, Hauptsturmführer

Robert Mulka, belehrte sie bereits bei ihrem Eintreffen unmissverständlich über die „Spielregeln" in Auschwitz: Über alles, was sie sehen würde, müsste sie Stillschweigen bewahren. Schwester Maria musste eine Erklärung unterschreiben, durch die sie sich verpflichtete, weder Kontakt mit Häftlingen aufzunehmen noch jemals mit ihnen zu sprechen. Lagerarzt Dr. Friedrich Entress wies ihr ihren Arbeitsplatz im SS-Revier an. Bereits am ersten Tag begannen die Erlebnisse, die Maria Strombergers Leben ändern sollten. Sie erfuhr nämlich von den anderen Krankenschwestern, dass diese bereits mehrfach an Tötungen von Häftlingen teilgenommen hatten. Häftling Nr. 379, Edward Pys, erzählte 1947 im Krakauer Auschwitz-Prozess, wie es Schwester Maria weiter erging. Eines Abends beim Geschirrspülen hörte sie plötzlich einen Schuss. Durch das Küchenfenster des SS-Reviers sah sie den Körper eines Häftlings, der sich in letzten Zuckungen im Stacheldraht bewegte. Von diesem Moment an war es Maria klar, dass die politische Abteilung des Lagers log, wenn sie behauptete, dass alle Häftlinge Verbrecher seien. Denn der Mann im Stacheldraht war kein Verbrecher, sondern ein junger Jude, der aus einem der oberschlesischen Gettos ins Lager gebracht worden war, nur weil er Jude war.

Nackt in den Tod
Von ihrem Fenster aus konnte die Schwester weit über das Lager Birkenau sehen. Ein wenig rechts erhob sich der Schornstein des Krematoriums mit dem Eingang zur Gaskammer. Vor dem Krakauer Gerichtshof hat sie ihre Beobachtungen aus dem Küchenfenster beschrieben: „Eines Tages stand vor mir auf dem Hof ein kleiner Junge, etwa sieben Jahre alt und blond, im Matrosenanzug. SS-Leute zwangen ihn dazu, den Anzug auszuziehen und sauber zusammenzulegen. Seine Mutter, mit einem Säugling auf dem Arm, musste sich ebenfalls entkleiden. Dann trieb man sie zusammen in die Gaskammer."

„Auschwitz-Sirenen"

An einem kalten Tag im Januar 1943 stand Schwester Maria warm angezogen vor dem SS-Stabsgebäude. Plötzlich hörte sie ein unmenschliches Heulen. In ziemlichem Tempo fuhren an ihr drei Lastwagen mit nackten Menschen vorbei, die sich vor Fieber schüttelten. „Ich trug die Tracht einer Schwester des Roten Kreuzes, und ich konnte ihnen doch nicht helfen. Tags darauf hörte ich die beinahe unmenschlichen Schreie eines Polen, der nebenan in der politischen Abteilung verhört wurde. Als ihn Häftlinge auf einer Bahre heraustrugen, sah ich, dass sein ganzer Körper voller Striemen war, die tief ins Fleisch gingen. Einige SS-Leute, die dabei standen, sagten zu mir: ,Schwester, diese Auschwitz-Sirenen wirst du noch öfter hören.'"

Maria Stromberger zog aus diesen Beobachtungen ihre Konsequenzen. Sie nahm mit Häftlingen ihrer Umgebung Kontakt auf und sprach ihnen Mut zu. Sie ging trotz strenger Verbote in die Häftlingsunterkünfte. Als sie eines Tages dem kranken Häftling Nr. 233 Rotwein und Medikamente brachte, sprach sich das bei den Häftlingen sehr schnell herum.

Von dieser Zeit an half sie den Häftlingen, wo sie konnte. Ohne jeden Skrupel stahl sie Sonderrationen der SS-Männer, die Typhus hatten, und gab sie den Häftlingen. Sie sammelte Informationen für die Widerstandsbewegung im Lager. Doch der SS-Sanitäter Alfred Kaulfuß, ein primitiver Schläger, hatte Marias Tätigkeit schon seit längerer Zeit beobachtet. Er denunzierte sie beim Chefarzt des Lagers, Dr. Eduard Wirths. Sie hatte aber noch einmal Glück. Der SS-Arzt ließ es mit einer strengen Verwarnung bewenden.

Maria musste sich besser vorsehen. Sie vervollkommnete ihre illegalen Methoden. Sie beförderte Briefe von Häftlingen nach draußen. Auch chiffrierte Meldungen der Widerstandsbewegung. Weihnachten war Maria mit „ihren" Häftlingen zusammen. Sie bereitete ihnen einen unvergesslichen Heiligen Abend. Sie beschaffte ständig Nahrung und Kleidung und

Medikamente für die Häftlinge in großen Mengen. Ihr Name wurde zum Symbol für alle Gefangenen.

Im Widerstand

Durch die Hände Marias gelangten die Informationen über die Ereignisse von Auschwitz nach draußen und wurden über die alliierten Rundfunksender in alle Welt ausgestrahlt. Sie brachte Waffen und Sprengkörper ins Lager für den Fall eines bewaffneten Aufstandes der Widerstandsbewegung. Sie beschaffte Impfstoff in großen Mengen zur Bekämpfung des Flecktyphus unter den Häftlingen. Maria verstand kein Wort polnisch. Die Parolen für ihre Treffs mit den Kontaktleuten der polnischen Widerstandsbewegung lernte sie nach dem Klang auswendig.

Im November 1944 wurde Schwester Maria nach Berlin versetzt. Dabei gelang es ihr, eine vollständige Liste des damaligen Häftlingsbestandes mit nach draußen zu schmuggeln. Nach Kriegsende kehrte Schwester Maria Stromberger in ihre österreichische Heimat nach Bregenz zurück. Die französische Besatzungsmacht inhaftierte sie „wegen Zusammenarbeit mit der SS".

Mangels Beweisen ...

Ende 1946 teilte sie nach bald sechsmonatiger Haft ihren polnischen Freunden Einzelheiten über ihr persönliches Schicksal mit. Es kam zu einer großen Kampagne in der polnischen Presse, die sich kollektiv für die Befreiung von Schwester Maria einsetzte. Diese Intervention hatte die sofortige Haftentlassung durch die Franzosen zur Folge. „Mangels Beweisen". Eine volle Rehabilitierung erhielt sie jedoch nicht von den Franzosen, sondern vom polnischen Staat, der ihr in einem vom Ministerpräsidenten unterschriebenen Dokument seinen Dank für die großartige Hilfe und Unterstützung der Häftlinge in Auschwitz aussprach. Sie besuchte Polen anlässlich des Krakauer Prozesses im Jahre 1947. Die Ehemaligen von

Auschwitz bereiteten ihr einen triumphalen Empfang. 1957 starb Schwester Maria in Bregenz an einem Herzleiden. In Polen wird sie kein Häftling von Auschwitz jemals vergessen. Dr. Klodzinski, Lungenfacharzt in Krakau, hat ihr in einem Buch, das in Polen erschien, ein Denkmal gesetzt.

Metall, Nr. 9/1964

**Kommandantur
Konzentrationslager Auschwitz**

Auschwitz, den 23. Juni 1942.
Telefon Nr. 85.

Az.: KL 14 f 3/6.42./ Ka.

Betr.: Erschießungen von Häftlingen auf der Flucht.

Häftling Nr. 30760, Hirsch, Jakub   geb. 27. 1.1925.
Häftling Nr. 33563, Goldstein, Nikolaus geb. 8.10.1915.
Häftling Nr. 33506, Kelnar, Franz   geb. 10. 8.1882.
Häftling Nr. 34713, Geminder, Chaim   geb. 1. 1.1896.
Häftling Nr. 35790, J o h n , Josef   geb. 6. 9.1879.
Häftling Nr. 35921, B o u l a , Josef   geb. 14. 8.1908.
Häftling Nr. 35991, R u i z l , Johann   geb. 6. 6.189
Häftling Nr. 36385, Fischer, Jsidor   geb. 16. 2.19
Häftling Nr. 36854, Trauer, Julius   geb. 19. 2.19
Häftling Nr. 3636?, Deutsch, Jakob   geb. 15. 8.1911.

Bezug: -0-
Anl. : 10 Vorgänge.

An das

SS- und Polizeigericht XV.

B r e s l a u

SS-u. Polizeigericht XV
Breslau
Eing. 2 5. JUNI 1942

In der Anlage überreicht die Kommandantur des KL.Auschwitz
10 Berichte gegen

    SS-Schütze Johann B e y e r ,   9./SS-T-Stuba.,
    SS-Rottf. Josef R i c h t e r ,   2./SS-T-Stuba.,
    SS-Schütze Adolf J e s k e ,   9./SS-T-Stuba.,
    SS-Schütze Josef Baumstark,   9./SS-T-Stuba.,
    SS-Schütze Josef J o s u n ,   9./SS-T-Stuba.,
    SS-Schütze Wladislaus Dargis,   5./SS-T-Stuba.,
    SS-Schütze Josef M o h r ,   2./SS-T-Stuba.,
    SS-Strm. Willi S i t z a ,   5./SS-T-Stuba.,

wegen Erschießung der oben angeführten Häftlinge auf der
Flucht.

Es wird um Einstellung der Ermittlungsverfahren und um Freigabe
der Leichen zur Feuerbestattung gebeten, da die Posten gemäß
ihren Dienstanweisungen und nicht rechtswidrig handelten.

SS-Sturmbannführer und Kommandant.

Claudia Michels
Auf dem Büfett lagen die Erschießungslisten
FR-Redakteur Thomas Gnielka brachte vor 40 Jahren den Frank-
furter Auschwitz-Prozess ins Rollen

Frankfurt · 26. März · Wir hatten einen Kollegen – aber wir
wussten nichts mehr von ihm. Dies ist die Geschichte von
Thomas Gnielka, es ist eine Geschichte, die eigentlich un-
vergesslich sein sollte und doch vergessen worden ist. Denn
sein Leben war kurz. Thomas Gnielka war Redaktionsmitglied
der Frankfurter Rundschau vom 11. Februar 1957 bis zum
27. September 1960, er war Landeskorrespondent in Wiesbaden. Es ist sehr lange her und vorbei. Ganz präsent ist aber
in diesen Tagen, was dem Kollegen das Gedächtnis einfach
sichern muss: der große Frankfurter Auschwitz-Prozess. 182
Verhandlungstage lang sind hier vor 40 Jahren mitten in der
Stadt albtraumartige Schilderungen von Massenmorden über
die Bühne gegangen – und es war Thomas Gnielka, der zur
Anklage den entscheidenden Tipp gegeben, der Namen und
Daten von SS-Mördern beigebracht hat.

Es ist, als sei seine Mission, sein vollkommen unerschro-
ckener und leidenschaftlicher Feldzug gegen alte und neue
Nazis, damit erfüllt gewesen. Denn als der Vorsitzende Richter Hans Hofmeyer am 19./20. August 1965 im Haus Gallus
an der Frankenallee die Urteile über 17 Mörder und Mordge-
hilfen des Vernichtungslagers Auschwitz verhängte, da war
Kollege Thomas Gnielka tot. Mit 36 Jahren, im Januar 1965,
war sein Leben zu Ende.

„Ich glaube, dass der Thomas daran gestorben ist", sagt seine
Witwe Ingeborg, 78 Jahre alt, heute in Rangsdorf bei Berlin.
Sie eröffnet das Telefongespräch mit der Bemerkung, auf der
Suche nach der Erinnerung habe sie jetzt eigens „einen alten
Karton durchgeguckt". Sie habe dabei herausgefunden, dass

ihr Mann, der Vater ihrer fünf Kinder, gleichsam zu einem Auschwitz-Opfer geworden war, damals im aufstrebenden Nachkriegsdeutschland, fast genau 20 Jahre nach der Befreiung des Lagers. „Es wurde immer mehr und zu viel", blickt Ingeborg Gnielka auf die langen Monate der Befragungen und Verhöre des Auschwitz-Prozesses zurück, die immer wieder an den heimischen Tisch anbrandeten.

Denn nicht wenige der überlebenden Opfer, die aus der Ferne anreisten, kamen im Haus der Familie Gnielka in Herold in Taunus unter. „Die haben bei uns gewohnt, gegessen, erzählt", beschreibt es Sohn Bastian Gnielka, geboren 1951, inzwischen Geschichtslehrer in Eschwege. „Die Erzählungen vergisst man nicht", denkt der Sohn an die Begegnungen seiner Kindheit zurück – „wie einer an einer Grube erschossen werden soll und alle, die neben ihm stehen, fallen tot über ihn und der ist da lebendig rausgekrabbelt". „Einen Zipfel von Auschwitz in Frankfurt" hatte der Hessische Generalstaatsanwalt Fritz Bauer mit den von Thomas Gnielka beigebrachten durchnummerierten Listen der „Erschießungen von Häftlingen auf der Flucht", ausgefertigt von der „Kommandantur Konzentrationslager Auschwitz", in die Hand bekommen, wie er es Anfang 1959 in einem HR-Interview ausdrückte. Fritz Bauer konnte damit, was in Polen geschehen war, in Frankfurt anklagen.

Dass der FR-Journalist jene Mordlisten aus Auschwitz in die Hände bekam, jene Aktenvermerke, auf denen der Lagerkommandant zu jedem einzelnen der aufgezählten Opfernamen auch den Namen des jeweiligen Täters verzeichnet hatte, nennt mancher Zufall. Aber es war kein Zufall. Zwar hat der Kollege Landeskorrespondent ab 12. Februar 1957 in Wiesbaden Tag für Tag sein Pflichtprogramm in die Tasten der Schreibmaschine geklopft. Hat über die bevor stehende Polio-Impfung, eine neue Brücke, die Wohnungsnot und die Pfarrerbesoldung kleine und große Artikel sowie „Drahtberichte" verfasst. Doch schon bald nach dem Einstieg bei der FR erscheinen die akribischen Analysen des gebürtigen Berliners zur personellen Kontinuität des Nazi(un)wesens in Verbänden, Parteien, Behörden und Gesellschaft.

Ab Dezember 1958 reicht Gnielkas unbestechlicher Blick bis in die Wiesbadener Wiedergutmachungsbehörde und trifft dort auf einen im Blatt als „Rechtsfanatiker" titulierten „forschen Assessor Späth". Nun zitiert er in der Zeitung Texte antisemitischer Lieder, die man in jener Behörde immer mal gern singt. Und schreibt auf, wie brüsk verfolgte jüdische Rückwanderer dort abgefertigt und ihr Begehr nach Hilfe abgeschmettert wird. Eine Artikel-Serie ab 22. Juni 1959 über alte Nazis auf neuen Posten macht Thomas Gnielkas Expertenwissen offenbar - am Ende steht (Titel: „Falschspiel mit der Vergangenheit") ein gebundener Verlags-Sonderdruck über „Rechtsradikale Organisationen in unserer Zeit". „Wir können nur hoffen, dass diese Veröffentlichung nun endlich mit dazu beiträgt, den bisher zu wenig beachteten politischen Rattenfängern in unseren Land das Handwerk zu legen", erklären „Redaktion und Verlag der Frankfurter Rundschau" im Vorwort.

Da hat die Vorgeschichte des großen Auschwitz-Prozesses schon begonnen. Auf die Berichte über die Wiesbadener Wiedergutmachungsbehörde, die fast 50 000 unbearbeitete Fälle vor sich herschiebt, meldet sich Emil Wulkan, ein Holocaust-Überlebender, der auf Unterstützung hofft, in der Redaktion. Was Kollege Thomas Gnielka geschah, als er den Mann im Januar 1959 zu Hause aufsucht, hat er in der Zeitschrift Metall, Ausgabe vom 22. August 1961, hinterlassen: „Auf dem Büfett in seiner Wohnung lag ein Bündel Akten, zusammengehalten von einem roten Band. Er drückte mir das Paket in die Hand; ‚Vielleicht ist es etwas, das Sie als Journalist interessiert.'"

„Mit diesen Erschießungslisten", so steht es seiner Witwe Ingeborg Gnielka in Rangsdorf bei Berlin noch heute vor Augen, „ist mein Thomas ziemlich grün im Gesicht nach Hause gekommen". Noch in derselben Nacht habe er den General-staatsanwalt Fritz Bauer angerufen, umgehend habe der „einen Fahrer geschickt". Die Sache der Gerechtigkeit nahm ihren Lauf; „Fritz Bauer konnte anklagen", sortiert seine Witwe die Erinnerung. Bei der FR hielt es den Kollegen Gnielka nur noch bis Herbst 1960. Warum er ging, ist nur zu ahnen: „Der wollte mehr machen, der wollte nicht mehr angestellt sein, der hätte gern alles aus den Angeln gehoben", berichtet Bastian, der Sohn aus Eschwege. Der Mann hatte „1000 Connections", er fuhr zum Nordpol und nach Polen, schrieb für die Quick, für Weltbild, wieder für Metall: „Wir warten auf den Auschwitz-Prozess, der endlich einen Schlussstrich ziehen soll unter das grauenhafteste Kapitel des 3. Reiches." (2. April 1963). Zum Schlussstrich sind die Verhandlungen, wie man weiß, nicht geworden. Schluss war vielmehr mit dem Leben des Journalisten Thomas Gnielka. Die Verbrechen, deren Sühne er unermüdlich forderte, waren ihm scheinbar im Wortsinne unter die Haut gegangen; 1963 wurde Hautkrebs diagnostiziert. Den Auschwitz-Prozess hat er nicht mehr besucht. „Rebell gegen die Trägheit" steht über dem Nachruf in der FR vom 8. Januar 1965. „Nichts", heißt es da, „konnte ihn mehr erbittern, als die Versuche der Ewiggestrigen, die alte Lumpenpuppe frisch aufgeputzt ins Schaufenster zu stellen."

Frankfurter Rundschau, 27. März 2004

Norbert Frei
Die Aufklärer und die Überlebenden

Der Frankfurter Auschwitz-Prozess vor 50 Jahren war das Werk
einer Handvoll junger Juristen und des unerschrockenen General-
staatsanwalts Fritz Bauer. Aber auch die Zeugen, die Zeithistoriker
und ein paar engagierte Journalisten traten für die Wahrheit ein

Thomas Gnielka ist 15 Jahre alt, als ihn der Anblick eines
Kommandos halbverhungerter KZ-Häftlinge erschrickt: 1944,
auf einem Feld bei Auschwitz. Mit seinen Berliner Schulka-
meraden tut er dort als Luftwaffenhelfer Dienst. Heute würde
man ihn einen Kindersoldaten nennen – einen jener trauma-
tisierten Teenager, die das früh gesehene Grauen nie mehr
werden vergessen können.

Nach dem Krieg zieht es Gnielka nach München. Er lebt in
der Schwabinger Kleinkunstszene und versucht, sich seine
Erfahrungen von der Seele zu schreiben. Im Frühjahr 1952 ist
er eingeladen, vor der „Gruppe 47" aus seinem autobiogra-
phischen Romanmanuskript vorzutragen; parallel zu seiner
Schriftstellerei beginnt der junge Familienvater als Journalist
zu arbeiten. 1957 geht er zur Frankfurter Rundschau.

Aber auch bei der Zeitung lässt ihn Auschwitz nicht los.
Während die meisten Deutschen zu verdrängen suchen, was
ihnen distanzierend-diskret als „jüngste Vergangenheit" gilt,
blickt Gnielka kritisch auf die Gegenwart. Im Januar 1959,
bei der Recherche über einen Skandal in der Wiedergutmachungsbehörde Wiesbaden, lernt er Emil Wulkan kennen.
Der Holocaust-Überlebende vertraut dem Reporter ein paar
Aktenblätter an, geborgen im Mai 1945 aus den Trümmern
des Breslauer SS- und Polizeigerichts. Daraus geht hervor,
wie regelmäßig in Auschwitz angebliche „Erschießungen von
Häftlingen auf der Flucht" vorgekommen waren – und mit

welcher bürokratischen Routine Lagerkommandant Rudolf Höß anschließend in Breslau die „Einstellung der Ermittlungsverfahren" beantragt hatte.

Gnielka reicht die Dokumente sofort an Dr. Fritz Bauer weiter, den hessischen Generalstaatsanwalt, der 1933 in Stuttgart als junger sozialdemokratischer Amtsrichter entlassen worden war. Dem charismatischen Mittfünfziger, der trotz KZ-Haft und Emigration 1949 nach Deutschland zurückgekehrt war, eilt der Ruf eines agilen Aufklärers voraus. Ihm fühlt Gnielka sich verbunden, und deshalb verkneift er sich auch nicht einen verwunderten Satz über Emil Wulkan: „Er ist bis heute nicht auf die Idee gekommen, dass das Material von Bedeutung für die Justiz sein könnte."

Offenkundig weiß Thomas Gnielka zu diesem Zeitpunkt längst, dass Bauer unter Hochdruck und in alle Richtungen gegen NS-Täter ermittelt. Denn in letzter Zeit sind ein paar Dinge in Bewegung geraten.

Durch einen Zufall – genauer gesagt: wegen der Dreistigkeit des ehemaligen Polizeidirektors von Memel, der sich in Baden-Württemberg allzu forsch über seine Entlassung aus dem Staatsdienst beschwert hatte –, war es im Frühjahr 1958 in Ulm zu einem Prozess gegen zehn Angehörige des „Einsatzkommandos Tilsit" gekommen. Den SS-Leuten wurde die Erschießung von mehr als 5000 jüdischen Männern, Frauen und Kindern im Sommer 1941 zur Last gelegt. Seitdem stand die bis dahin gern geglaubte Justizlegende in Zweifel, wonach es in der Bundesrepublik in Sachen Kriegs- und NS-Verbrechen nichts mehr zu ahnden, wohl aber noch einiges zu amnestieren gebe.

Öffentlichen Eindruck machte nicht zuletzt, dass der sogenannte Ulmer Einsatzgruppenprozess vor einem normalen deutschen Schwurgericht stattfand – und nicht, wie viele Strafverfahren in den ersten Nachkriegsjahren, vor einem der noch lange zu Unrecht als „Siegerjustiz" verpönten Tribunale der Alliierten. Angesichts der entsetzlichen

Verbrechen, die in Ulm zur Sprache gekommen waren und die ihren Niederschlag auch in der überregionalen Presse gefunden hatten, beschlossen die Justizminister der Länder im Herbst 1958 die Einrichtung einer „Zentralen Stelle". Dort sollten die Ermittlungen gegen NS-Täter fortan konzentriert werden. In zwei Jahren, so glaubte man, würden ein paar dafür vorübergehend abgestellte Staatsanwälte die unerfreuliche Aufgabe erledigt haben. Deren Dienstsitz wurde ein ehemaliges Frauengefängnis im entlegenen Ludwigsburg.

Für die westdeutsche Gnadenlobby lag in dieser Marginalisierung kein Trost. Nervös (wenn auch grundlos, wie sich bald zeigen sollte) machte sie vor allem der Gedanke, die Initiative der Justizminister könnte ein wichtiges Etappenziel durchkreuzen, das schon ansonsten schon bald erreicht sein würde: nämlich die Verjährung aller noch ungesühnten Totschlagsverbrechen aus der Zeit des „Dritten Reiches". Nach geltendem Recht war der Stichtag dafür der 8. Mai 1960. Danach konnte nur noch verurteilt werden, wem Mord oder Beihilfe zum Mord nachzuweisen war – mit all den einschränkenden Tatbestandsmerkmalen, die das Strafgesetzbuch dafür bereithält: also Mordlust, niedrige Beweggründe, Heimtücke oder Grausamkeit.

Aus der Sicht jener kritischen Minderheit in Justiz und Medien, die in den späten Adenauerjahren für Aufklärung und Ahndung eintrat, war deshalb Eile geboten. Dies umso mehr, als selbst noch die Ulmer Angeklagten, deren große Eigeninitiative die Staatsanwaltschaft überzeugend herausgestellt hatte, nur wegen gemeinschaftlicher Beihilfe zum Mord verurteilt worden waren; statt auf lebenslänglich, wie beantragt, lauteten die höchsten der verhängten Strafen auf 15 Jahre.

Fritz Bauer kämpfte schon seit Jahren gegen die Indolenz und Obstruktion, mit der weite Teile der bundesdeutschen Strafrechtspflege regelmäßig reagierten, wenn es um die Verfolgung von NS-Verbrechen, von Rechtsradikalismus und Antisemitismus ging. Aber seit er 1956 auf Wunsch des hessischen Ministerpräsidenten Georg August Zinn (SPD) von Braunschweig nach Frankfurt gewechselt war, forcierte er noch einmal seinen Kurs. Die Planer und Exekutoren der „Endlösung" sollten vor Gericht, allen voran Adolf Eichmann, dessen Spur nach Südamerika führte, wie Bauer seit 1957 wusste – und wie er den israelischen Geheimdienst wissen ließ. Mit Eichmanns Entführung aus Argentinien und dem Prozess in Jerusalem war 1961 aber nur ein Anfang gemacht. Bauer plante eine ganze Reihe von Prozessen wegen nationalsozialistischer Gewaltverbrechen („NSG-Verfahren"), unter anderem gegen die Verantwortlichen der sogenannten Euthanasieaktion.

Als jüdischer Remigrant und linker Sozialdemokrat war sich der Generalstaatsanwalt über den Preis im klaren, den er für seine Hartnäckigkeit bezahlte: „Wenn ich mein Büro verlasse, befinde ich mich im feindlichen Ausland", soll er einmal gegenüber seiner Gesinnungsfreundin Helga Einsele gesagt haben, der entschlossenen Frankfurter Strafvollzugsreformerin und Kriminologin, die Bauers humanistische Rechtsidee teilte.

Aber allen inneren Zweifeln zum Trotz: Die Chance, die in den von Thomas Gnielka überbrachten Schriftstücken lag, wollte sich Bauer nicht entgehen lassen. Hatte er damit doch endlich einmal direkte Beweise für Verbrechen in Händen, die sich im größten der nationalsozialistischen Konzentrations- und Vernichtungslager abgespielt hatten – und die, strafrechtlich fast noch wichtiger, mit den Namen konkreter Täter verbunden waren. Denn Kommandant Höß hatte in den Dokumenten ja im einzelnen aufgeführt, welcher SS-Schütze in Auschwitz auf welche Häftlinge geschossen hatte. Auf dieser Basis ließ sich ermitteln.

Dass die Stuttgarter Staatsanwaltschaft schon seit Monaten den Namen und die Anschrift eines anderen schwer beschuldigten Auschwitz-Täters kannte, wusste Bauer zu diesem Zeitpunkt wohl noch nicht. Ein straffällig gewordener vormaliger Häftling des Konzentrationslagers hatte die Behörde aus dem Gefängnis heraus informiert, aber gleichzeitig auch an Hermann Langbein geschrieben, den Generalsekretär des Internationalen Auschwitz-Komitees in Wien. Als einstiger Schreiber des SS-Standortarztes in Auschwitz verfügte Langbein über Kenntnisse wie kaum jemand sonst, und mit entsprechender Ungeduld drängte er die Stuttgarter Beamten. Doch selbst mit Unterstützung der neuen Ludwigsburger Stelle gingen die Ermittlungen im Südwesten nur zäh voran.

Anders dagegen in Frankfurt: Mit den Dokumenten aus Breslau besorgte sich Bauer einen Beschluss des Bundesgerichtshofs, der das Landgericht Frankfurt am Main zuständig erklärte für die „Untersuchung und Entscheidung" gegen Funktionsträger des Konzentrationslagers Auschwitz. Über den Kopf der ihm nachgeordneten Staatsanwaltschaft hinweg, die das Verfahren schon des Arbeitsaufwands wegen lieber in Stuttgart gesehen hätte, spitzte Fritz Bauer zwei blutjunge Staatsanwälte an. Von allen anderen Aufgaben freigestellt, nahmen Joachim Kügler und Georg Friedrich Vogel weitgespannte Ermittlungen auf.

Hunderte mutmaßlicher Auschwitz-Täter gerieten jetzt in das Blickfeld des Tandems, und auch die Erkenntnisse aus Stuttgart und Ludwigsburg flossen in die Nachforschungen ein. Hermann Langbein, erleichtert über den „neuen Geist", lieferte ständig zusätzliches Material – oft Hinweise von Überlebenden, die später in Frankfurt als Zeugen auftreten sollten. Fritz Bauer plante derweil das Szenario des kommenden Prozesses.

Der Generalstaatsanwalt setzte dabei auf ein Mittel, das sich vor zehn Jahren schon einmal bewährt hatte: im politisch-symbolisch hochbedeutenden Verfahren gegen den Rechtsradikalen Otto Ernst Remer, den Ex-Kommandeur des Wachbataillons „Großdeutschland", der am 20. Juli 1944 in Berlin für seinen „Führer" gekämpft hatte und der 1952 wegen

Beleidigung der Männer des Widerstands in Braunschweig vor Gericht stand. Dass Remer damals verurteilt wurde, beruhte nicht zuletzt auf den Argumenten der historischen und moraltheologischen Gutachten, die Bauer eigens für den Prozess hatte erstellen lassen. Zeitgeschichtliche Forschung sollte auch jetzt wieder eine wichtige Rolle spielen.

Im Herbst 1962 rief Bauer deshalb nicht weniger als 14 Vertreter der Staatsanwaltschaften von Frankfurt und Wiesbaden und der Ludwigsburger Zentralen Stelle zusammen. Bei ihrem Treffen mit vier Historikern aus dem Münchner Institut für Zeitgeschichte und einem Mitarbeiter des Bundesarchivs machte Bauer keinen Hehl aus seinen aufklärerischen, weit über die strafrechtliche Sühne hinausgehenden Intentionen: Ziel sei die „Bewältigung der Vergangenheit". Das aber könne nur erreicht werden, wenn im Prozess der „sogenannte Background" ausgeleuchtet werde, vor dem die Verbrechen stattgefunden hatten.

Bauer drängte auf schriftliche Gutachten, die „möglichst umfassend" angelegt sein sollten. An Aufwand und Kosten dürfe nichts scheitern. Falls erforderlich, sollten die Gutachter – wie Bauers junge Staatsanwälte es inzwischen schon getan hatten – auch eine Reise hinter den Eisernen Vorhang unternehmen, um das in Polen vorhandene Material zu sichten und mit den dortigen Historikerkollegen zu sprechen. Fritz Bauer, das war deutlich, hatte nicht die geringsten Berührungsängste. Und er wollte, dass das Frankfurter „Komplexverfahren" ein Lern-Prozess würde: Die Gutachten, so gab er den Historikern mit auf den Weg, sollten nicht in den Gerichtsakten verschwinden. Tatsächlich kamen die Texte, kaum dass der Prozess zu Ende war, als Buch heraus: erste grundlegende Darstellungen, die unter dem Titel „Anatomie des SS-Staates" ein zeitgeschichtlicher Bestseller wurden.

Wer 1962/63 als halbwegs sensibler Zeitgenosse nach Frankfurt blickte, der spürte, dass in dieser Stadt ein gesellschafts- und vergangenheitspolitischer Klimawandel bereits im Gange war, der bald die gesamte Bundesrepublik erfassen sollte. Für wachen Bürgersinn standen nicht nur der sozialdemokratische Magistrat und das aus den USA zurückgekehrte Institut für Sozialforschung mit Max Horkheimer und Theodor Adorno, der eine Menge dafür getan hatte, dass „Auschwitz" inzwischen als kritische Metapher für den Judenmord galt. Dass historisch-politische Aufklärung in Frankfurt attraktiv geworden war, zeigte auch der Erfolg, den der Verband für Freiheit und Menschenwürde mit der Ausstellung Warschauer Ghetto hatte, die in den letzten Wochen des Jahres 1963 mehr als 60 000 Besucher in die Paulskirche zog.

Die Fotoschau wirkte wie ein Begleitkommentar zur „Strafsache gegen Mulka und andere", die Landgerichtsdirektor Hans Hofmeyer am Morgen des 20. Dezember 1963 im Großen Saal des Römers aufrief. Nicht nur der prominente Eröffnungsort (später zog das Gericht in das neu erbaute „Haus Gallus" um) signalisierte, dass sich die Spitze der Stadt und viele ihrer Bürger zu dem Prozess bekannten. Dafür sprach auch, dass die aus aller Welt anreisenden, in den Zeugenstand gerufenen Überlebenden in ihren Hotels einen Willkommensbrief des Oberbürgermeisters vorfanden und Familien wie die von Thomas Gnielka sich als Betreuer und Begleiter zur Verfügung stellten. (Gnielka selbst erkrankte bald schwer und starb schon 1965). Etwa 20000 Zuschauer, darunter viele Schulklassen, erlebten die meist wortkargen Angeklagten und die oft erschütternden Aussagen der Zeugen im Gerichtssaal, und gegen Jahresende 1964 sahen fast 90 000 Besucher in der Paulskirche eine weitere Ausstellung, diesmal ganz direkt zum Thema: Auschwitz – Bilder und Dokumente.

Millionen verfolgten das Geschehen in den Medien, gerade auch im Fernsehen, das in neuen investigativen Formen (Panorama) informierte. Die beste regelmäßige Berichterstattung lieferte die konservative Frankfurter Allgemeine Zeitung; ihr Gerichtsreporter Bernd Naumann – ihn hatte, nach eigenem

Bekunden, auch der junge Martin Warnke gelesen, ehe er selbst für ein paar Wochen aus dem Haus Gallus berichtete – fügte seine Texte schon 1965 zu einem Buch zusammen und gleichzeitig kam Hermann Langbein mit einer zweibändigen Dokumentation heraus. Mit anderen Worten: Über das Konzentrationslager Auschwitz nichts zu wissen, war den Westdeutschen im Sommer 1965, als der Prozess nach 183 Verhandlungstagen zu Ende ging, praktisch unmöglich geworden.

Doch hatte Fritz Bauer sein großes Ziel erreicht? War es gelungen, mit dem Verfahren gegen knapp zwei Dutzend SS-Führer unterschiedlicher Dienstgrade, darunter drei Ärzte und ein Apotheker, sowie gegen einen Arrestaufseher und einen Funktionshäftling dem Menschheitsverbrechen des Holocaust beizukommen? Hatten sich die Mittel und die Möglichkeiten der Strafjustiz bewährt?

Von den 20 Angeklagten, über die am 19. und 20. August 1965 das Urteil gesprochen wurde, bekamen sechs lebenslänglich Zuchthaus wegen Mord, drei davon mit zusätzlicher Zeitstrafe. Zehn Angeklagte erhielten Zuchthausstrafen zwischen drei und vierzehn Jahren wegen der „gemeinschaftlichen Beihilfe zum gemeinschaftlichen Mord". Ein weiterer kam mit zehn Jahren Jugendstrafe davon, weil er zum Zeitpunkt seiner Mitwirkung „bei der Tötung jüdischer Menschen durch Gas im Kleinen Krematorium" noch minderjährig war. Drei der Angeklagten wurden freigesprochen – meist aus Mangel an Beweisen, weil das Gericht Belastungszeugen für „unglaubwürdig" hielt oder einzelne ihrer Aussagen für „nicht zuverlässig genug". (Auschwitz-Kommandant Rudolf Höß stand in Frankfurt übrigens nicht vor Gericht; ihn hatte die polnische Justiz bereits 1947 zum Tode verurteilt und hingerichtet.)

Wer das mehr als sechshundert Druckseiten füllende Urteil studiert – es liegt, vorzüglich ediert, ebenso wie die Anklageschrift der Staatsanwaltschaft und der Eröffnungsbeschluss

174

des Landgerichts seit kurzem in der Wissenschaftlichen Reihe des Fritz Bauer Instituts vor –, dem stockt auch noch nach einem halben Jahrhundert der Atem. Unvorstellbar das Grauen, das darin zur Sprache kommt, kaum erträglich oft das spitzfindige juristische Räsonnement in dubio pro reo.

Ein Beispiel nur, gewiss nicht das schrecklichste: Der freigesprochene Zahnarzt Dr. Willi Schatz war erwiesenermaßen zwischen Frühjahr und Herbst 1944 „in einer unbestimmten Vielzahl von Fällen nach der Ankunft von jüdischen Häftlingstransporten auf der Rampe in Birkenau" zugegen gewesen. Doch das Gericht nahm ihm ab, sich dort vor Selektionen gedrückt zu haben. „Kein zuverlässiger Zeuge hat den Angeklagten Dr. Schatz beim Selektieren auf der Rampe gesehen." Deshalb bleibe nur die Frage, ob allein aus Schatz' Gegenwart „der sichere Schluss gezogen werden kann, dass er auch die angekommenen jüdischen Menschen selektiert hat. Das Gericht konnte, obwohl dieser Schluss sehr nahe liegt, nicht die erforderliche sichere Überzeugung gewinnen, dass dieser Schluss unbedingt richtig ist. Der Angeklagte Dr. Schatz war weder ein überzeugter Nationalsozialist noch ein soldatischer Typ. Er hat sich – unwiderlegt – nicht freiwillig zur Waffen-SS gemeldet, sondern ist zum Dienst im KL Auschwitz befohlen worden".

Die Staatsanwaltschaft dagegen erblickte in Willi Schatz einen „Mittäter an den Massenmorden". Bauers Kollegen – der Generalstaatsanwalt selbst trat im Verfahren nicht auf – hatten argumentiert, dass der Angeklagte allein schon durch seine Anwesenheit auf der Rampe „einen kausalen Tatbeitrag zu den Vernichtungsaktionen geleistet habe, indem er die anderen SS-Angehörigen psychisch gestärkt habe". Deshalb war von ausschlaggebender Bedeutung, wie man Schatz' frühere Angaben gegenüber dem Untersuchungsrichter wertete, wonach er „Häftlinge, die für die Gaskammer ausgesucht gewesen seien, auf dem Weg in das Krematorium über eine gewisse Strecke hin begleitet" hatte. Das Gericht akzeptierte diese Aussage nun als Teil seiner Drückebergerei: „Zu diesem Zweck ist er auf der Rampe hin- und hergegangen und hat sich, um nicht aufzufallen, auch ein Stück neben der Kolonne der Opfer bewegt. Er konnte annehmen, dass dies für den Ablauf der Vernichtungsaktion völlig ohne Bedeutung sei." Und in direkter Replik auf die Logik der Staatsanwälte lautete das Urteil über Schatz: „Der Gedanke, dass seine Anwesenheit auf der Rampe oder in der Nähe der Opfer, die zur Gaskammer geführt wurden, die SS-Angehörigen, die mit den Vernichtungsaktionen befasst waren, in irgendeiner Weise psychisch stärken könnte, brauchte ihm nicht zu kommen. Das lag bei seiner Funktion, die er im KL Auschwitz als kleiner und unbedeutender Zahnarzt ausübte, nicht sehr nahe."

Willi Schatz kehrte als unbescholtener Biedermann in seine Praxis nach Hannover zurück. Aber auch mit Blick auf die 17 Verurteilten hatte der Gedanke einer Resozialisierung durch Strafrecht, dem der Humanist Fritz Bauer so sehr anhing, seinen Sinn schon vor der Strafe verloren. Wie eigentlich in allen NSG-Verfahren, die fortan kommen sollten – darunter vier weitere in Sachen Auschwitz – bestand in der „Strafsache gegen Mulka und andere" kein Bedarf, die Täter durch einen Schuldspruch und anschließende Sühne in die menschliche Gemeinschaft zurückzuholen: Sie alle waren bestens in die deutsche Nachkriegsgesellschaft integriert.

Man mag in dieser Konstellation ein Moment der Tragik erkennen, die den Aufklärer Bauer in seinen letzten Lebensjahren umwehte. Gleichwohl wäre es verkehrt, die Bedeutung des Auschwitz-Prozesses an den – zu Recht – vielfach kritisierten milden Strafen zu messen, von denen Bauer meinte, sie lägen „häufig an der Mindestgrenze des gesetzlich Zulässigen, was mitunter einer Verhöhnung der Opfer recht nahekam".

Fritz Bauer, der 1968 überraschend starb, blieb in seiner Urteilsschelte ambivalent: „Der Auschwitzprozess war gewiss der bisher längste aller deutschen Schwurgerichtsprozesse, in Wirklichkeit hätte er einer der kürzesten sein können, womit freilich nicht gesagt sein soll, dass dies aus sozialpädagogischen Gründen auch wünschenswert gewesen wäre." Daraus sprach die Unzufriedenheit, dass es ihm nicht gelungen war, die Hürden des deutschen Strafrechts zugunsten einer wirklich konsequenten Aufklärung und Ahndung des Menschheitsverbrechens zu überwinden.

„Gerichtstag halten über uns selbst, über die gefährlichen Faktoren in unserer Geschichte", hatte Bauer 1962 die Aufgabe charakterisiert, die der Auschwitz-Prozess übernehmen sollte.

Hans Hofmeyer, der Vorsitzende Richter, nahm darauf in seinem Schlusswort recht deutlich Bezug: „Das Schwurgericht war nicht berufen, die Vergangenheit zu bewältigen; es hatte auch nicht zu prüfen, ob dieser Prozess zweckmäßig war oder nicht. Das Schwurgericht konnte nicht einen politischen Prozess führen, schon gar nicht einen Schauprozess." Für die Entscheidungen des Gerichts, darauf bestand Hofmeyer, „war nur die Schuld der Angeklagten maßgeblich". Er meinte das nicht selbstgefällig, aber er offenbarte damit die Grenzen des Strafrechts in einer Gesellschaft der Mitläufer und Täter.

Erstveröffentlichung unter dem Titel „Gerichtstag halten über uns selbst"
in: Die Zeit vom 21.11.2013, S. 22f.

Literatur (Auswahl):
Auschwitz-Prozess 4 Ks 2/63 Frankfurt am Main. *Katalog zur gleichnamigen historisch-dokumentarischen Ausstellung mit zeitgenössischer Kunst, hrsg. von Irmtrud Wojak im Auftrag des Fritz Bauer Instituts. Köln 2004.*
Der Frankfurter Auschwitz-Prozess (1963 – 1965). *Kommentierte Quellenedition, hrsg. von Raphael Gross und Werner Renz. 2 Bde. Frankfurt/ New York 2013.*

Anatomie des SS-Staates. Von Hans Buchheim, Martin Broszat, Hans-Adolf Jacobsen und Helmut Krausnick. *Gutachten des Instituts für Zeitgeschichte. 2 Bde. Olten 1965, zuletzt München 1999.*

Norbert Frei: Vergangenheitspolitik. *Die Anfänge der Bundesrepublik und die NS-Vergangenheit. München 1996, Neuausgabe München 2012.*

Hermann Langbein: Der Auschwitz-Prozess. *Eine Dokumentation. 2 Bde. Wien 1965, Neuausgabe Frankfurt am Main 1995.*

Bernd Naumann: Auschwitz. *Bericht über die Strafsache gegen Mulka u.a. vor dem Schwurgericht Frankfurt. Frankfurt am Main, Bonn 1965. Vom Autor gekürzte u. bearbeitete Ausgabe , 1968, 2004 u. 2014*

Devin O. Pendas: Der Auschwitz-Prozess. *Völkermord vor Gericht. München 2013.*

Ronen Steinke: Fritz Bauer oder Auschwitz vor Gericht. *München 2013.*

Annette Weinke: Eine Gesellschaft ermittelt gegen sich selbst. *Die Geschichte der Zentralen Stelle Ludwigsburg 1958 – 2008. Darmstadt 2008.*

Rebecca Wittmann: Beyond Justice. *The Auschwitz Trial. Cambridge/ Mass. 2005.*

Irmtrud Wojak: Fritz Bauer 1903 – 1968. *Eine Biographie. München 2009.*

Lebenslauf von Thomas Gnielka

17.12.1928	geboren in Berlin als einziges Kind der Eltern Georg Gnielka (Kaufmann) und Margarete Gnielka (Sekretärin). Aufgewachsen in Berlin-Spandau. Sozialdemokratisch ausgerichtetes Elternhaus. Schüler des für seine humanistische Erziehung bekannten Staatlichen Kant-Gymnasiums in Berlin-Spandau
1944 – 1945	Zwangskriegsdienstverpflichtung des 15-jährigen Gnielka und seiner gesamten Schulklasse. Einsatz als Luftwaffenhelfer in Auschwitz zum Schutz der Auschwitzer IG-Farbenwerke gegen Fliegerangriffe. Traumatische Erlebnisse der Behandlung von Lager-Häftlingen durch SS-Wachen während der Häftlingszwangsarbeit in Außenkommandos. Januar 1945: Erschütternde Eindrücke beim Betreten des gerade geräumten Lagers Auschwitz vor dem Eintreffen der sowjetischen Truppen (beschrieben in „Die Geschichte einer Klasse").
1945 – 1948	Flucht von der Front mit Hilfe eines gefälschten Marschbefehls. Ankunft in Berlin bei den Eltern im Februar 1945 (beschrieben in „Die Geschichte einer Klasse"). Leben in der Illegalität, Anschluss an eine Widerstandsgruppe, die in Spandau, Siemensstadt und Charlottenburg aktiv war. Beendigung der Schule war für den durch

die Kriegserlebnisse seelisch belasteten Thomas Gnielka nicht möglich.

Beginn politischen Engagements.

Noch vor der Kapitulation Beitritt zur Sozialdemokratischen Partei. Unmittelbar nach Kriegsende Beteiligung an der Aufbauarbeit als Stadtrat und Leiter des Spandauer Jugendausschusses.

Volontär und Reporter beim *Spandauer Tageblatt*, hier Journalistenausbildung.

Umzug nach München. Kontakt zu Hans Werner Richter von der *Gruppe 47*.

Beginn der schriftstellerischen Arbeit.

1948	Begegnung mit seiner späteren Ehefrau Ingeborg Euler, Autorin und später Fernsehjournalistin.
1948 – 1949	Auftritte gemeinsam mit Ingeborg Euler in München im Kabarettlokal „Simpl". Vertonung und Klavierbegleitung von Texten seiner späteren Frau Ingeborg Euler. Umzug nach Berlin.
20.12.1949	Heirat mit Ingeborg Euler in Berlin.
01.03.1950	Geburt von Tochter Babett (Berlin).
03.03.1951	Geburt von Sohn Bastian (Berlin).
Anfang der 50er Jahre	Umzug von Berlin-Hakenfelde / Behelfsheimsiedlung nach Heidenheim. Tätigkeit als Reporter und Fotograf bei der dortigen Tageszeitung. Umzug nach München.
1952 – 1955	Arbeit als Werbetexter bei der Firma OSRAM auf Vermittlung seines Schwiegervaters Emil Euler (*Spende 1 Karton Glühbirnen bei der Tagung der Gruppe 47 im Mai 1952 in Niendorf „Die Firma Osram steckt der Literatur ein Licht auf". Fotos davon im*

Archiv der Gruppe 47).
Literarische Arbeit u.a. an „Die Geschichte einer Klasse".
Teilnahme an Tagungen der Gruppe 47, z.B. 1949 in Utting am Ammersee, 1950 in Inzigkofen und am deutsch-französischen Schriftstellertreffen in Schluchsee, Mai 1952 in Niendorf. Lesung aus „Die Geschichte einer Klasse" auf der Tagung im Mai 1952 in Niendorf.
Arbeit als Journalist für diverse Zeitungen und als Hörfunkautor. Vorträge, Artikel und Hörfunkbeiträge über die Literatur der Gegenwart und die Tagungen der *Gruppe 47*. Sammlung und Archivierung allen erreichbaren Materials über Auschwitz und das Dritte Reich.

22.04.1955	Geburt von Tochter Kattrin (München)
1956	Umzug nach Wiesbaden.

Lokalreporter beim Wiesbadener Kurier, dann „Korrespondent in der Landeshauptstadt" bei der *Frankfurter Rundschau*.

1957 – 1960   Redakteur bei der *Frankfurter Rundschau*. Veröffentlichung von Artikeln über Missstände in der Wiesbadener Wiedergutmachungsbehörde. Im Zuge dieser Berichterstattung zahlreiche Kontaktaufnahmen und Hilfegesuche durch NS-Opfer.
In- und Auslandsreportagen zu Themen der NS-Aufarbeitung (z.B. ab 1959 Artikel-Serie über alte Nazis auf neuen Posten, Titel: „Falschspiel mit der Vergangenheit", später herausgegeben als gebundener Verlags-Sonderdruck über „Rechtsradikale Organisationen in unserer Zeit").

Januar 1959: Erhalt von Original-Erschie-
ßungslisten durch den jüdischen Rentner
Emil Wulkan, Beweismaterial aus dem
Breslauer SS- und Polizei-Gericht mit
Namen von SS-Tätern. Übergabe der Dokumente an den Hessischen Generalstaatsanwalt Fritz Bauer und Einleitung von
dessen Ermittlungen von Straftaten im
Konzentrationslager Auschwitz.
Zeitweise Beherbergung von nach Frankfurt
am Main geladenen Zeugen in der Privat-
wohnung Gnielkas.
Todesdrohungen aufgrund der NS-Auf-
arbeitungs-Berichterstattung.

12.11.1960	Geburt von Tochter Susann (Wiesbaden).
1960 – 1964	Freischaffender, investigativer Journalist.

Recherche- und Reportagereisen, oft
gemeinsam mit dem Fotografen Günter
Schindler. Zeugenbefragungen und Unter-
stützung von Auschwitz-Überlebenden bei
Wiedergutmachungsanträgen in Israel und
Polen. Reportagereisen u.a. auch nach
Norwegen (Nordkap, Lappland, Eismeer)
und Griechenland. Hauptsächlich Berichte
für die Zeitung der IG Metall, die Zeitung
Weltbild, die Illustrierte Quick. Auch Sozial-
reportagen und literarische Themen.
Aufspüren von Tätern (z.B. Richard Baer).
Berichte für den Hessischen Rundfunk und
das ZDF über die Arbeit für den Auschwitz-
Prozess (Strafsache 4 Ks 2/63).

23.07.1962	Geburt von Tochter Kerstin (Wiesbaden)
1963 – 1965	Schwere Krebserkrankung. Umzug nach

Herold/Katzenellnbogen im Hintertaunus.
Schaffung einer „Aussteiger-Welt" mit

landwirtschaftlichem Betrieb mit Unter-
stützung seines Schwiegervaters Emil Euler.
Dort auch Beherbergung von Zeugen des
Auschwitz-Prozesses.

07.01.1965   Tod von Thomas Gnielka nach langer
schwerer Krebserkrankung in Herold.

10.01.1965   Große Beisetzung in Herold u.a. mit
Vertretern der Hessischen Landesregierung
und Künstlerfreunden. Sein Freund
Heinrich Böll hielt eine der Beerdigungs-
reden.

Bücher zum Thema in der Europäischen Verlagsanstalt

Bernd Naumann
Der Auschwitz-Prozess
Bericht über die Strafsache gegen
Mulka u.a. vor dem Schwurgericht
Frankfurt am Main 1963 – 1965.
Neuausgabe mit einem
Vorwort von Werner Renz
342 Seiten, Broschur
ISBN 978-3-86393-049-3

Ernst Fraenkel
Der Doppelstaat
Mit einem Nachwort von
Horst Dreier: Zu Rezeption und
Bedeutung der klassischen Studie
von Ernst Fraenkel
3. Auflage, 287 Seiten, Broschur
ISBN 978-3-86393-019-6

Zygmunt Bauman
Dialektik der Ordnung
Die Moderne und der Holocaust
253 Seiten, Taschenbuch
ISBN 978-3-86393-031-8

H. G. Adler, Hermann Langbein,
Ella Lingens-Reiner
Auschwitz
Zeugnisse und Berichte
Mit einer Einführung zur
6. Auflage von Katharina Stengel
336 Seiten, Taschenbuch
ISBN 978-3-86393-060-8

Vilém Flusser
Jude sein
Essays, Briefe, Fiktionen
190 Seiten, Taschenbuch
ISBN 978-3-86393-055-4

Vilém Flusser
Von der Freiheit des Migranten
Einsprüche gegen den Nationa-
lismus
142 Seiten, Taschenbuch
ISBN 978-3-86393-041-7

Das ganze Verlagsprogramm finden Sie im Internet unter
www.europaeische-verlagsanstalt.de